Diplomica Verlag

Ralf Petzold

Schutz des geistigen Eigentums in der VR China

Überblick zu den
Handlungsmöglichkeiten und Grenzen
bei der Sicherung und Durchsetzbarkeit
geistiger Eigentumsrechte

Petzold, Ralf: Schutz des geistigen Eigentums in der VR China: Überblick zu den Handlungsmöglichkeiten und Grenzen bei der Sicherung und Durchsetzbarkeit geistiger Eigentumsrechte, Hamburg, Diplomica Verlag GmbH
Umschlagmotiv: © kebox – Fotolia.com

ISBN: 978-3-8428-7369-8

© Diplomica Verlag GmbH, Hamburg 2012

Bibliografische Information der Deutschen Nationalbibliothek:
Die Deutsche Nationalbibliothek verzeichnet diese Publikation
in der Deutschen Nationalbibliografie;
detaillierte bibliografische Daten sind im Internet über
http://dnb.d-nb.de abrufbar.

Die digitale Ausgabe (eBook-Ausgabe) dieses Titels trägt die
ISBN 978-3-8428-2369-3 und kann über den Handel oder den
Verlag bezogen werden.

Inhaltsverzeichnis

Abkürzungsverzeichnis

CIRPS	Centralized Intellectual Property Rights Recordation System
chinABMarkenG	Ausführungsbestimmungen zum Markengesetz der VR China
chinABPatG	Ausführungsbestimmungen zum Patentgesetz der VR China
chinABUrhG	Ausführungsbestimmungen zum Urheberrechtsgesetz der VR China
chinABZR	Ausführungsbestimmungen zu den Regelungen der VR China zum Schutz geistiger Eigentumsrechte durch den Zoll
chinMarkenG	Markengesetz der VR China
chinPatG	Patentgesetz der VR China
chinStGB	Strafgesetzbuch der VR China
chinStPO	Strafprozessordnung der VR China
chinUrhG	Urheberrechtsgesetz der VR China
chinUWG	Gesetz der VR China gegen den unlauteren Wettbewerb
chinZPG	Zivilprozessgesetz der VR China
chinZR	Regelungen der VR China zum Schutz geistiger Eigentumsrechte durch den Zoll
CNY	Chinesischer Yuan
CPI	Corruption Perception Index
CTMO	Chinese Trademark Office
deutUrhG	Urheberrechtsgesetz der BRD
ECID	Economic Crime Investigation Department
EU	Europäische Union
GAC	General Administration of China
IP	Intellectual property
IPR	Intellectual property rights
ISPC	Interpretation des Supreme People's Court
NCAC	National Copyright Administration of China
OECD	Organization for Economic Co-operation and Development

PCT	Patent Cooperation Treaty
PP	People's Procuratory
PSB	Public Security Bureau
PVÜ	Pariser Verbandsübereinkunft
SAIC	State Administration of Industry and Commerce
SIPO	State Intellectual Property Office of the People's Republic of China
SPC	Supreme People's Court
TRIPS	Agreement on Trade-Related Aspects of Intellectual Property Rights
VAE	Vereinigte Arabische Emirate
WIPO	World Intellectual Property Organization
WTO	World Trade Organization
ZGR	Zentralstelle Gewerblicher Rechtsschutz

Abbildungsverzeichnis

1 Einleitung

Die VR China[1] ist mit Sicherheit zu den bemerkenswertesten Ländern der Erde zu zählen. Kaum ein Staat steht vergleichsweise so im Interesse der Weltöffentlichkeit, wobei dessen marktwirtschaftliche Struktur - eingebettet in einer sozialistischen Gesellschaftsordnung - seinesgleichen sucht. Allein seine Einwohnerzahl verleiht diesem Land eine herausragende Stellung. Die Volksrepublik beheimatet mit über 1,3 Milliarden Einwohnern etwa ein Fünftel der gesamten Weltbevölkerung, wobei ca. 800 Millionen als erwerbstätig einzustufen sind.[2] Dementgegen bewohnen die Europäische Union lediglich etwa 500 Millionen Menschen. Durch diesen Vergleich wird eindrucksvoll deutlich, über welches enorme Arbeitskräftepotenzial die Volksrepublik verfügt.

Die große Herausforderung für Wirtschaft und Politik besteht nun darin, jene außergewöhnlichen Voraussetzungen optimal in ökonomische Stärke umzuwandeln. Dabei unternimmt China nachhaltig große Anstrengungen. Für einen ökonomischen Aufschwung erscheinen die Bedingungen nicht nur aufgrund des riesigen Arbeitskraftvolumens als nahezu perfekt. So kann sich die Wirtschaftslandschaft ebenso auf ein günstiges Kostenniveau und die konsequente Förderung durch die Staatsregierung stützen. Die hervorragenden Grundlagen bewirkten im letzten Jahrzehnt ein außergewöhnliches Wirtschaftswachstum, das nahezu alle Bereiche des produzierenden Gewerbes erfasste. Von dem Boom konnte vor allem die Produkt- und Markenpiraterie profitieren. Dieses Phänomen verhalf der Volksrepublik zu einem legendären wie zweifelhaften Ruf, der ihr weltweiten Symbolcharakter als Herkunftsstätte gefälschter Waren einbrachte.

Diese Studie möchte genau an diesem Punkt mit ihren Untersuchungen ansetzen. Neben den Kerninhalten zu den einschlägigen Rechtsvorschriften Chinas sollen auch die Ursachen bzw. Hintergründe beleuchtet werden, die maßgeblich dafür verantwortlich sind, dass sich der größte asiatische Staat zur weltweiten Hochburg der

---

[1] Im weiteren Verlauf wird sich überwiegend auf die Kurzform „China" beschränkt
[2] Vgl. DBP 2010, S. 1 f.

11

Produkt- und Markenpiraterie entwickelte. Desweiteren ist es von erheblichem Interesse, aus welchem Blickwinkel die Chinesen ihren Status als „Fälschernation" sehen. Teilen sie das Unrechtsbewusstsein der übrigen Welt oder fühlen sie sich gar missverstanden und unfair behandelt? Besondere Brisanz besitzt die Beantwortung der Frage, inwiefern die politische Führung der Volksrepublik gegen die Produkt- und Markenpiraterie bisher vorgegangen ist und welchen Einfluss die Rechtslage im Hinblick auf die Entwicklung der Fälscherindustrie innehat. Die Auswirkungen der gesetzmäßigen und verfahrenstechnischen Gegebenheiten bilden dabei den Rahmen für den Schwerpunkt der Abhandlung: Die Analyse der Grenzen und Möglichkeiten, die sich den Rechtsinhabern bei der Sicherung und Durchsetzbarkeit ihrer Ansprüche bieten.

Der Verlauf dieser Untersuchung wird sich folgendermaßen gestalten: Den Anfang bilden umfassende Erläuterungen zu den fachspezifischen Termini. Anschließend werden die Ursachen und Auswirkungen der Produkt- und Markenpiraterie darge-legt, um die besondere, globale Bedeutung des Themas hervorzuheben. Im weiteren Verlauf erfolgt ein Überblick über die wirtschaftspolitischen und soziokulturellen Hintergründe, welche großen Einfluss auf die Entstehung und Entwicklung des chinesischen Fälscherwesens besaßen und zum überwiegenden Teil auch heute noch besitzen. Die Erläuterung der landesspezifischen Faktoren soll die Außergewöhn-lichkeit der Voraussetzungen näher bringen, anhand derer sich weltweit einmalige Verhältnisse für die Produktpiraten herausbilden konnten. Weiterführend wird sich dem ersten Bestandteil des Themenschwerpunktes gewidmet, welcher sich mit der Gesetzeslage der geistigen Eigentumsrechte Chinas befasst. Jene Bestimmungen legen den Bereich fest, in dessen Grenzen sich die Möglichkeiten des Inhabers für die Sicherung seiner Rechte befinden. Im Kontext zu dieser Problematik schließt sich die Abhandlung der Anspruchsdurchsetzung an. Sie repräsentiert das zweite Kern-element dieser Studie. Dazu werden die einzelnen Rechtsgrundlagen und Vorge-hensweisen unter Beteiligung der Behörden und Gerichte detailliert aufgezeigt. Den Abschluss bildet die Darstellung der Untersuchungsergebnisse in einem zusammen-fassenden Überblick.

2 Begriffsbestimmungen

2.1 Recht des geistigen Eigentums und Gewerblicher Rechtsschutz

Das Recht des geistigen Eigentums, synonym auch als Immaterialgüterrecht bezeichnet, ist begrifflich eng mit dem Gewerblichen Rechtsschutz verbunden. Beide
Bereiche besitzen einen gemeinsamen Ansatzpunkt: das geistige Eigentum. Unter
diesem werden die durch Menschen geschaffenen immateriellen Güter wie Erfindungen, Ideen oder Wissen verstanden.[3]

Nicht selten werden die zwei Rechtsbegriffe sinngleich füreinander verwendet.
Dabei besteht jedoch ein klares Unterscheidungsmerkmal, denn der gewerbliche
Rechtsschutz stellt lediglich einen von zwei Teilen der geistigen Eigentumsrechte
dar. Zu ihm sind alle Gesetze zu zählen, die dem Schutz des geistig-gewerblichen
Schaffens dienen. Dies sind das Marken-, Patent-, Gebrauchsmuster- und Ge-
schmacksmusterrecht. Unter Marken sind Kennzeichen zu verstehen, welche Waren
und Dienstleistungen unterscheidbar und somit wiedererkennbar machen. Der Schutz
von Patenten und Gebrauchsmustern ist auf technische Erzeugnisse ausgerichtet,
wobei ersteres die bedeutenden, komplexen Erfindungen abdeckt. Das Geschmacksmuster bezieht sich dagegen auf ästhetische Schöpfungen bzw. Gestaltungsformen.
Der zweite Bereich der geistigen Eigentumsrechte wird vom Urheberrecht bestimmt,
dessen Sicherungsfunktion auf die geistigen Leistungen des kulturellen Sektors
abzielt. Darunter sind u. a. künstlerische Werke wie Musik, Gemälde oder Filme zu
rechnen. Unstrittig ist hierbei, dass diese Produkte zum überwiegenden Teil ebenfalls
gewerblichen Interessen dienen, weshalb unter den Rechtsgelehrten Uneinigkeit
bezüglich der Abgrenzung zwischen beiden Begrifflichkeiten besteht. International
geht man diesem Problem aus dem Weg, indem generell von geistigen Eigentumsrechten bzw. IPR (Intellectual Property Rights) gesprochen wird.[4]

---

[3] Vgl. Rothe 2009, S. 2.
[4] Vgl. Götting 2007, S. 1 ff.

2.2 Markenpiraterie, Produktpiraterie, Counterfeiting

Die Produkt- und Markenpiraterie wird oft in einem Atemzug mit den geistigen Eigentumsrechten genannt. Dabei gibt es zwischen den beiden Pirateriebegriffen keine klare Abgrenzung, denn sie sind weder innerhalb Deutschlands, Europas noch weltweit einheitlich definiert. Unter Markenpiraterie kann nach allgemein vorherrschender Auffassung die vorsätzliche Verwendung der Marke, des Namens oder der Geschäftsbezeichnung eines anderen sowie die Nachahmung von Verpackung und Präsentation von Produkten verstanden werden. Hingegen wird die Produktpiraterie begrifflich weiter gefasst. Sie schließt auch Erzeugnisse ein, die nicht gekennzeichnet sind. In der führenden Literatur wird der Komplex der Produktpiraterie mit der gezielten, massenhaften Verletzung von bestehenden Schutzrechten gleichgesetzt. Hierunter fallen beispielsweise neben den Marken auch Patente und Gebrauchsmuster. Die Markenpiraterie ist demzufolge lediglich als eine Erscheinungsform der Produktpiraterie anzusehen.[5]

Für den im internationalen Sprachgebrauch verwendeten Begriff „Counterfeiting" findet sich ebenfalls keine klare, einheitliche Definition. So wird darunter beispielsweise in Großbritannien das gesetzwidrige Kopieren von Produkten und Markenzeichen verstanden,[6] währenddessen sich diese Bezeichnung in den USA   i. d. R. ausschließlich auf die Marken bezieht. Eine ähnlich gelagerte Bedeutung lässt sich für Deutschland und China ausmachen. Auch hier besteht in erster Linie ein Zusammenhang zwischen Counterfeiting und der Markenpiraterie bzw. Verletzungen des Markenrechts.[7]

---

[5] Vgl. Burkart 2008, S. 19 f.
[6] Vgl. Ensthaler 2003, S. 171.
[7] Vgl. Meister 1990, S. 22.

2.3 Fälschung, Nachahmung, Plagiat, Raubkopie

Die geistigen Eigentumsrechte werden größtenteils von Fälschungen, Nachahmungen, Plagiaten und Raubkopien verletzt, welche von den Produktpiraten in den Wirtschaftskreislauf eingebracht werden. Diese vier Termini voneinander abzugrenzen erscheint oftmals problematisch.

So wird im allgemeinen Wortsinn unter der Fälschung ein unechter Gegenstand oder ein veränderter echter Gegenstand zur Täuschung im Rechtsverkehr verstanden. Die Nachahmung oder auch Imitation zielt hingegen auf das möglichst genaue Kopieren einer Sache ab.[8] Als Unterscheidungsmerkmal kann somit das Maß an krimineller Energie angesehen werden. Die Fälschung weist hierbei ein deutlich höheres Potenzial auf, da sie neben dem Design und den Produkteigenschaften auch die Markenrechte des Rechtsinhabers verletzt.[9]

Die Nachahmung ist begrifflich sehr eng mit dem Plagiat verknüpft. Dabei ist unter letzterem das Imitat von geschmacksmuster- und urheberrechtlichen Produkten zu verstehen,[10] wodurch es auch als Unterform der Nachahmung bezeichnet werden kann.

Der wirtschaftliche Schaden durch Plagiate ist gegenüber dem, welcher durch die sogenannten Raubkopien entsteht, vergleichsweise gering. Vor allem die Softwareindustrie verzeichnet enorme Verluste durch diese Art der Piraterieware.[11] Dabei ist unter dem Terminus der Raubkopie eine urheberrechtlich unzulässige Vervielfältigung von Software, Musik und Filmen zu verstehen.[12]

---

[8]   Vgl. Thaler 2009, S. 10.
[9]   Vgl. Fuchs 2006, S. 28 f.
[10] Vgl. von Welser 2007, S. 24.
[11] Vgl. Kehrer 2006, S. 187.
[12] Vgl. von Welser 2007, S. 24.

2.4 Parallelimport, Factory Overrun

Neben der Marken- und Produktpiraterie ist der Parallelimport eine weitere Form der Verletzung gewerblicher Schutzrechte. Hierbei handelt es sich um Manipulationen oder Abweichungen von Vertriebswegen. Es werden demnach keine Produkte nachgeahmt oder gefälscht, sondern Originale unter Missachtung vertraglicher bzw. gesetzlicher Bestimmungen auf bestimmte Märkte exportiert oder reimportiert. Je nach Kaufkraft bzw. Entwicklung der Märkte werden die Produkte zu den entsprechenden Preisen angeboten. Werden diese Waren dann in wirtschaftlich stärkere Staaten exportiert oder reimportiert, entstehen für die Akteure beträchtliche Profite bzw. für die Rechtsinhaber Verluste.[13]

Eine weitere Rechtsschutzverletzung mittels Originalprodukten stellt der sogenannte Factory Overrun dar. Hierbei werden die Erzeugnisse vom produzierenden Partner des Rechtsinhabers, z. B. dem Hersteller oder dem Lizenznehmer, über die vertraglich festgelegte Menge hinaus gefertigt. Die Mehrproduktion wird letztendlich ohne Wissen und Genehmigung des Berechtigten auf eigene Rechnung vertrieben.[14]

---

[13] Vgl. Fuchs 2006, S. 30.
[14] Vgl. Fuchs 2006, S. 28.

3 Produkt- und Markenpiraterie

3.1 Ursachen

In den letzten 20 Jahren ist eine deutliche qualitative wie quantitative Zunahme der Produkt- und Markenpiraterie zu verzeichnen. Vor allem die Globalisierung der Wirtschaft, das Wachstum des internationalen Handels, die Entwicklung der modernen Kommunikationsmittel und der Zerfall der politischen Systeme Osteuropas sind dafür verantwortlich.

Heutzutage werden die verschiedensten Erscheinungsformen der Produkt- und Markenpiraterie größtenteils von der organisierten Kriminalität beherrscht.[15]

Die Märkte für die Herstellung und Verwendung von Plagiaten sind ausgesprochen lukrativ, da sie ein enormes Potenzial der Profiterzielung besitzen. Die Fertigung der Duplikate wird immer billiger, wodurch sich die Gewinnspannen zunehmend vergrößern. Dabei können die Produktfälscher auf einen ganz entscheidenden Vorteil gegenüber den Geschädigten zurückgreifen: das fehlende unternehmerische Risiko bei der Einführung und der weiteren Positionierung der Produkte am Markt. Die betroffenen Unternehmen hingegen, welche ihre Wettbewerbsvorteile u. a. durch die Produktnamen oder durch ein bestimmtes Design erzielen, mussten diese erst durch sehr hohen wirtschaftlichen Aufwand hart erkämpfen. Nicht selten sind diese teuer erkauften Erfolgspositionen von elementarer Bedeutung für ihre weitere Existenz. Von der Zielformulierung über die Unternehmens- und Umweltanalyse bis hin zu einer ausgefeilten Produktpolitik müssen sämtliche Komponenten optimal aufeinander abgestimmt sein, um den eventuellen Erfolg eines Produktes überhaupt erst möglich zu machen.

Die Produktfälscher können dagegen Einsparungen durch wegfallende Kosten für Forschung, Entwicklung und Marketing verbuchen. Sie müssen keinerlei Sicherheitsstandards beachten und es entsteht für sie nur ein sehr niedriger Aufwand für

---

[15] Vgl. Burkart 2008, S. 17.

Lohnzahlungen und Unterhaltungskosten der Betriebsstätten. Dementgegen werden die Waren dann zu hohen Preisen - oft vergleichbar mit dem der Originalprodukte - verkauft. Ferner ist das Risiko der Rechtsverfolgung als sehr gering einzuschätzen. Die Gründe hierfür sind vor allem darin zu suchen, dass die Rechtsinhaber ihre Möglichkeiten in diesem Bereich nicht ausschöpfen. Oftmals ist es ihnen nicht annähernd bewusst, in welchem Maße ihre Produkte gefälscht werden, oder noch frappierender, dass sie überhaupt betroffen sind.

Desweiteren kommt es vor, dass die Rechtsinhaber einen unerwünschten Know-how-Transfer sogar noch begünstigen, indem sie sich z. B. aus Kostengründen auf Joint Ventures mit Partnern aus Billiglohnländern einlassen.[16]

Im Endeffekt verlaufen die Absatzmechanismen bei den Fälschungen jedoch genauso ab wie bei allen anderen Produkten auch. Im Kampf um die Käufergunst müssen sich die Anbieter von Plagiaten für eine bestimmte Preisstrategie entscheiden. Neben der bereits angesprochenen Höchstpreisstrategie, bei der die Erzeugnisse zu Original-preisen angeboten werden, kommt die Niedrigstpreisstrategie in Betracht. Damit bei letzterer die Rechnung aufgeht, wird ein hohes Maß an fehlendem Unrechtsbewusst-sein beim Verbraucher vorausgesetzt. Die große Diskrepanz zwischen Angebots- und allgemein bekanntem Preis hebt die Tarnung der Plagiate auf, so dass diese Taktik nur mit der wissentlichen Unterstützung durch den Käufer funktionieren kann. Dies zeigt deutlich auf, dass auf ethische Belange, wie etwa dem Schutz der eigenen Wirtschaft und damit die Beschäftigungsmöglichkeiten der nachkommenden Generation, annähernd keine Rücksicht genommen wird. Die vorsätzliche Unterstüt-zung des offensichtlichen Rechtsbruchs ist einer der elementarsten Grundsteine für die wachsenden Erfolge der Produktpiraten. Deren kriminelles Handeln kann somit nur durch diesen sogenannten ethischen Verfall am Leben gehalten werden.

---

[16] Vgl. von Welser 2007, S. 22.

Ein weiterer Baustein, welcher den Fälschern in die Karten spielt und ihnen steigende Absatzzahlen beschert, ist die flächendeckende Nutzung des Internets. Kaum ein Haushalt ist heutzutage ohne dieses Medium ausgestattet. Vor allem die Online-Auktionshäuser - wie beispielsweise „ebay" - erleichtern dabei die Anbahnung von Geschäften. Die Händler der Pirateriewaren können dort u. a. durch die sogenannten Dreiecksgeschäfte weitestgehend anonym bleiben und minimieren so das Risiko, für den Vertrieb der gefälschten Artikel belangt zu werden.

3.2 Produktbereiche

Grundsätzlich lässt sich sagen, dass kein Wirtschaftszweig von der Produktpiraterie verschont bleibt. Dabei sind sämtliche Warenbereiche und Marken betroffen.[17] Das Interesse der Fälscher gilt vor allem den Märkten, die über ein besonders großes Volumen verfügen, um eine Vielzahl an potenziellen Kunden anzusprechen. Ferner sollten die entsprechenden Artikel gut geeignet sein für das Anfertigen von Duplikaten. Dadurch werden Produkte bevorzugt, die eine geringe Komplexität bei günstigen Herstellungskosten aufweisen. Letztendlich ist ebenso der Ertrag je Produktionseinheit des rechtsverletzenden Artikels von entscheidender Bedeutung.[18] Wie in jedem legitimen Wirtschaftsunternehmen, steht auch hier der maximale Profit als oberstes Kriterium über allem.

In Deutschland sind von Schutzrechtsverletzungen am häufigsten die Hersteller von Bekleidung, Uhren sowie Schmuck und Accessoires betroffen.[19] Gemäß der Jahresstatistik der ZGR (Zentralstelle Gewerblicher Rechtsschutz) für 2008 ist gefälschte Freizeitbekleidung mit 18,39 % die Warenkategorie, welche hierzulande am häufigsten durch die Zollbehörden aufgegriffen wurde. Ihr folgt die Sportbekleidung mit 15,16 % vor Uhren und Schmuck mit 14,47 %.

---

[17] Vgl. ICC 2010, siehe unter „Betroffene Wirtschaftsfaktoren".
[18] Vgl. o. V. 2008, S. 34.
[19] Vgl. DPMA 2008, S. 68.

Im Vergleich dazu bietet sich auf europäischer Ebene bei der Produktverteilung ein ähnliches Bild. Für das Jahr 2008 wurden an der EU-Außengrenze vom Zoll 49.381 Warensendungen sichergestellt, die auf Schutzrechtsverletzungen zurückzuführen sind.[20] Anhand nachfolgender Grafik ist dabei klar zu erkennen, dass Textilien und Accessoires mit ca. 27.000 Fällen allein über die Hälfte der Aufgriffe ausmachten. Die weitere Rangfolge wird von Schmuck und Elektroartikeln bestimmt. Unmittelbar dahinter ordnen sich bereits die Arzneimittel ein, deren Sicherstellungen stark zugenommen haben. Dieser Umstand ist als sehr besorgniserregend zu werten, da hier ein bedeutendes Gefahrenpotenzial gegeben ist.

Cases per product sector

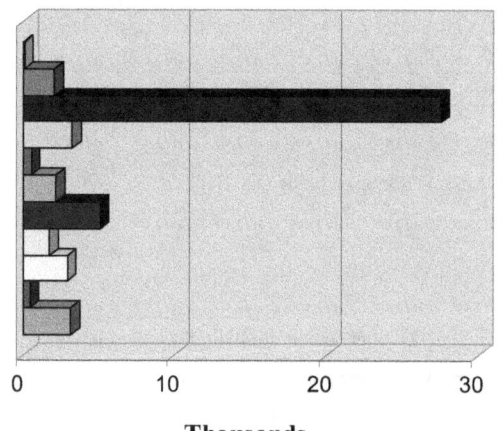

Abb. 1: Aufgriffsfälle in den einzelnen Produktbereichen (EU 2008);
Quelle: Homepage der Europäischen Kommission.[21]

---

[20] Vgl. EC 2009, S. 8.
[21] Vgl. EC 2009, S. 9.

3.3 Herkunftsländer

Die umfangreichen Mengen an rechtsschutzverletzenden Waren, welche Jahr für Jahr von den Zollbehörden auf der ganzen Welt beschlagnahmt werden, weisen auf ein gewaltiges Fertigungsvolumen der Fälscherindustrie hin. Aufgrund der verhältnismäßig großen Kaufkraft seiner Bürger ist im Besonderen die EU von den negativen Auswirkungen der Produkt- und Markenpiraterie betroffen, weshalb sich die nachfolgenden Ausführungen auf dieses Gebiet konzentrieren werden.

Es ist nahezu unmöglich, die tagtäglich in die EU einströmenden Piraterieartikel genau zu beziffern. Einziger Anhaltspunkt für statistische Erhebungen sind die Aufgriffszahlen der Zollbehörden. Jene Kontrollorgane sind jedoch aufgrund des eklatanten Missverhältnisses zwischen Personalkapazität und Warenaufkommen dazu gezwungen, nur einen verschwindend geringen Teil der in die EU einströmenden Produkte überprüfen zu können. Demzufolge übertrifft die tatsächliche Anzahl schutzrechtsverletzender Importartikel die Summe der Feststellungen um ein Vielfaches. Entsprechend ungenau sind die Statistiken, Schätzungen und Hochrechnungen, die auf diesem unbefriedigenden Aspekt beruhen. Mittels der EU-Einfuhrstatistiken lässt sich jedoch anhand der Feststellungsquote deutlich erkennen über welche enormen Ausmaße die Produktionsstätten und Vertriebsnetze der Fälscher verfügen müssen. Desweiteren wird deutlich, dass der überwiegende Teil der sichergestellten schutzrechtsverletzenden Waren lediglich aus einer überschaubaren Anzahl von Ländern geliefert wurde, woraus sich für die betreffenden Regionen eine Spezialisierung auf dem Gebiet der Fertigung und des Exports von gefälschten Gütern schlussfolgern lässt.

Die nachfolgende Grafik bezieht sich auf die Herkunftsländer von Falsifikaten, welche im Jahr 2009 von den Zollbehörden der EU festgestellt wurden. Die betreffenden Staaten sind dabei im Verhältnis ihrer jeweiligen Anteile zum Gesamtvolumen dargestellt. Demnach stammen allein 64,4 % aller sichergestellten Erzeugnisse aus China, wodurch der Volksrepublik diesbezüglich die herausragende Rolle zugeschrieben werden muss. Jene Ausnahmestellung erlangte die chinesische Nation durch eine rasante Entwicklung im letzten Jahrzehnt. Dabei bezifferte sich im Jahr

2000 der Anteil beschlagnahmter Artikel aus der Volksrepublik noch auf 8 %, währenddessen fünf Jahre später bereits ein Anstieg auf 38 % zu verzeichnen war. Mittlerweile stellt China den größten Hersteller rechtsschutzverletzender Ware weltweit dar.[22] Insbesondere die Regionen im Süden und Osten des Landes gelten als die Hochburgen der Produktpiraterie.

Dem Reich der Mitte folgen mit relativ großem Abstand die Vereinigten Arabischen Emirate (VAE) mit 14,6 %, wobei es erstaunlich ist, dass der vergleichsweise wenig besiedelte, reiche Staat in jener Statistik eine vordere Position einnimmt. Dieser Umstand ist darauf zurückzuführen, dass die VAE zu den beliebtesten Anlaufpunkten der chinesischen Frachter und Transportflieger gehört. Die Waren werden dort zum großen Teil auf arabische Schiffe und Flugzeuge verladen und mit geänderten, fingierten Versenderdaten versehen, welche zumeist Dubai, die größte Stadt der VAE, als Herkunftsort ausweisen. In den Paketen befinden sich für gewöhnlich die Rechnungen der chinesischen Hersteller oder Vertriebsgesellschaften, so dass bei den Zollkontrollen i. d. R. diese Vertuschungsaktionen aufgedeckt werden. Jene Vorgehensweise dient dem Zweck, den Lieferweg zwischen Produktionsstätte und Vertriebsstelle zu verschleiern und die Herkunft aus einem Land vorzutäuschen, welches nicht im Verdacht steht, Fälschungen zu produzieren.[23] Inwiefern die Praktik mittlerweile noch ihren Zweck erfüllt, sei dahingestellt. Sie zeigt jedoch, dass der Ursprung eines Artikels nicht immer eindeutig zu ermitteln ist und die statistischen Erhebungen gerade in jenem Punkt nur eine bedingte Aussagekraft besitzen.

Ferner können genau genommen auch die 1,4 % Hongkongs der Volksrepublik zugerechnet werden, da die ehemalige britische Kronkolonie seit dem 01.07.1997 wieder der Hoheit des größten Staates Asiens unterstellt wurde. Seitdem besitzt diese Metropolregion den Status einer Sonderverwaltungszone, welcher aufgrund des sogenannten „Basic Law" für mindestens 50 Jahre festgeschrieben ist und dem Territorium einen hohen Grad an Autonomie, eingebettet in einem kapitalistischen System, zugesteht. So verfügt Hongkong auch weiterhin u. a. über eigene Gesetze,

---

[22] Vgl. von Welser 2007, S. 35.
[23] Vgl. Fuchs 2006, S. 33.

eine eigene Währung und eigene Zölle.[24] Diese Sonderrolle ist dafür verantwortlich, dass Hongkong oftmals separat und somit losgelöst von China Erwähnung findet, obwohl es ein Bestandteil der Volksrepublik ist.

Das nachstehend abgebildete Diagramm der Europäischen Kommission belegt, dass der Inselstaat Taiwan, welcher sich vor der Südostküste Chinas befindet, ebenfalls eine nicht unbedeutende Rolle als Herkunftsland von gefälschten Produkten innehat. Aus jenem verhältnismäßig kleinen Land stammen 1,9 % des Gesamtaufkommens der im Jahr 2009 von den EU-Kontrollbehörden beschlagnahmten Pirateriewaren. Taiwan stellt jedoch keinen unabhängigen, souveränen Staat dar. Einerseits wird die Insel vom Reich der Mitte beansprucht, andererseits sieht sich das taiwanesische Politsystem als zweiten chinesischen Staat an, der 1945 in die Chinesische Republik integriert wurde und unabhängig von der 1949 gegründeten sozialistischen Volksrepublik existiert. Der rechtliche Status Taiwans ist bis zum heutigen Tag nicht abschließend geregelt.[25] Insofern lässt sich konstatieren, dass deutlich mehr als die bezifferten 64,4 % aller von den europäischen Zollbehörden beschlagnahmten Pirateriewaren eine Verbindung zu China aufweisen, wodurch die herausragende Stellung des größten asiatischen Staates noch untermauert wird. Die übrigen dargestellten Herkunftsstaaten Ägypten, Zypern, Indien und Türkei vertreten zusammen 12 % des Gesamtvolumens, wobei zu vermuten ist, dass Zypern eine vergleichbare Funktion für die Türkei besitzt wie die VAE für China.

---

[24] Vgl. Schubert 2008-A, S. 179 ff.
[25] Vgl. Schubert 2008-B, S. 419 ff.

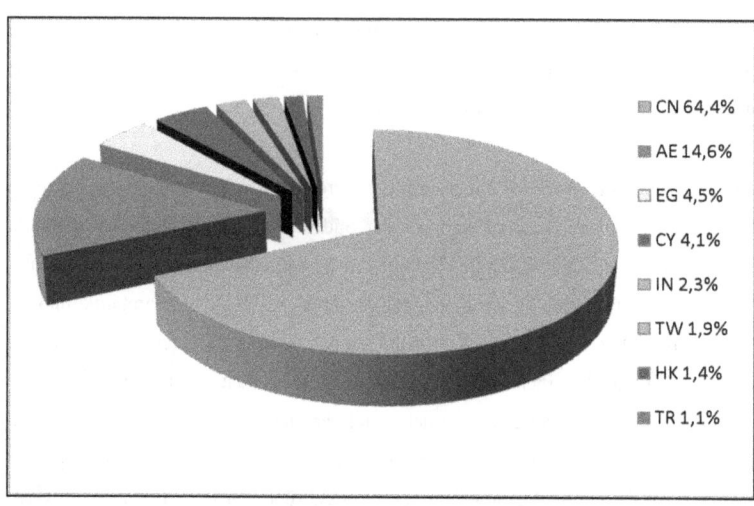

CN 64,4%

AE 14,6%

EG 4,5%

CY 4,1%

IN 2,3%

TW 1,9%

HK 1,4%

TR 1,1%

Abb. 2: Herkunftsländer beschlagnahmter Artikel (EU 2009);
Quelle: Homepage der Europäischen Kommission.[26]

Die Aufgriffsdaten der deutschen Zollbehörden unterscheiden sich in ihrer prozentualen Aufteilung nach Herkunftsländern deutlich von denen der EU. Anhand der im Folgenden dargestellten Tabelle lässt sich erkennen, dass die Volksrepublik auch hier die dominierende Rolle einnimmt. Ihr Anteil für das Jahr 2009 liegt jedoch mit 28,76 % unter der Hälfte des EU-Wertes. Ferner ist es bemerkenswert, dass die relativen Aufgriffszahlen gegenüber 2005 abgenommen haben. Im Gegensatz dazu stieg die Rate der Feststellungen für Waren aus Hongkong von 2008 zu 2009 um fast das Doppelte an, während sie, gemessen an der Quote der EU, ein Vielfaches dieser beträgt. Taiwan ist abweichend zur europäischen Statistik nicht vertreten, wohingegen die USA wiederum nur in der deutschen Erhebung Erwähnung findet. Ihr Anteil nimmt zwar tendenziell ab, doch weist jener für 2009 noch immer einen zweistelligen Prozentwert aus.

---

[26]   Vgl. EC 2010, S. 13.

	2005	2006	2007	2008	2009
China	35,80%	32,85%	28,97%	28,57%	28,76%
Thailand	10,20%	8,61%	4,10%	17,33%	19,57%
Hongkong	11,45%	11,12%	8,22%	8,15%	15,67%
USA	11,23%	12,66%	15,63%	18,52%	10,89%
Indien		1,36%	9,30%	5,23%	6,00%
Türkei	8,73%	8,71%	9,88%	4,52%	5,10%
V.A.E.	1,27%	1,63%	2,22%	1,76%	1,56%
Vietnam		2,70%	1,95%	1,26%	1,50%
Schweiz		1,19%	1,70%	1,01%	0,92%
Japan	0,45%	0,76%	0,75%	0,73%	0,61%
Tschechische Republik	0,97%	0,80%	1,28%	0,39%	0,48%
Malaysia		0,58%	0,45%	0,24%	0,19%
Polen	0,59%	0,56%	1,12%	0,22%	0,03%
Sonstige*	19,31%	16,47%	14,43%*	12,07%	8,72%

Abb. 3: Herkunftsländer beschlagnahmter Artikel (BRD 2005 – 2009);
Quelle: Homepage der Deutschen Zollverwaltung.[27]

Eine allumfassende Erklärung für die Diskrepanzen zwischen der europäischen und der deutschen Statistik wird durch die einschlägige Fachliteratur nicht geliefert. Es ist jedoch sicher davon auszugehen, dass in den Mitgliedsstaaten keine einheitliche Erfassung der Erhebungsdaten vorgenommen wird, welches eine bedeutende Ursache darstellen dürfte. Sind beispielsweise die Eingabemasken und die vorgegebenen Kategorien in den Statistikprogrammen der jeweiligen Länder nicht untereinander abgestimmt, ist es sehr wahrscheinlich, dass deutliche Diskrepanzen in den einzelnen Werten entstehen. Die in einigen Mitgliedsländern nicht vorgenommene Trennung zwischen China und Hongkong könnte dabei ebenso ein ausschlaggebender Faktor sein wie die unterschiedliche Auffassung im Hinblick auf den Souveränitätsstatus Taiwans.

---

[27] Vgl. BMF 2010, S. 13.

25

3.4 Auswirkungen

Die Folgen der Produktpiraterie zeigen gleichzeitig die enorme Bedeutung der geistigen Eigentumsrechte auf. Sie treten in den verschiedensten Formen zutage, wobei sich die Schädigungen auf alle Bereiche der Gesellschaft teils direkt teils mittelbar ausdehnen. Die markantesten Auswirkungen werden nachfolgend kurz vorgestellt.

3.4.1 Folgen für Industrie und Unternehmen

Gemäß den Erhebungen der Organisation für wirtschaftliche Zusammenarbeit und Entwicklung (OECD) aus dem Jahr 2009 wurden die Folgen der Produkt- und Markenpiraterie in umfassendem Maße ausgedrückt. Die Studie besagt, dass der Wert der gefälschten Produkte, welcher im internationalen Warenverkehr jährlich umgesetzt wird, 200 Milliarden US-Dollar entspricht. Der gesamte ökonomische Schaden liegt sogar noch um einige hundert Milliarden Dollar höher, rechnet man den Inlandshandel und den Vertrieb digitaler Produkte über das Internet hinzu.[28] Die wirtschaftlichen Einbußen kommen dabei für die Industrie und die Unternehmen auf vielfältige Weise zustande. Drei der hierfür wichtigsten Einflüsse werden im weiteren Verlauf in ihren Grundzügen skizziert. Im Einzelnen sind dies der Verlust von Umsatz und Marktanteilen, die Wertminderung der Marke sowie die Gewähr-leistungs- und Produkthaftungsansprüche.

Durch den Markteintritt der oftmals sehr preisgünstigen, gefälschten Produkte entsteht für die legitimen Unternehmen starke Konkurrenz. Die Falsifikate weisen für den Verbraucher i. d. R. ein attraktiveres Preis-Leistungs-Niveau auf, wodurch sie den Originalprodukten vorgezogen werden. Geschieht dies im erheblichen Maße, verliert der Hersteller große Teile seines Umsatzes und entsprechende Marktanteile. Desweiteren besitzen die Fälschungen häufig eine sehr schlechte Qualität. Gutgläu-bige Käufer sehen sich in ihren Erwartungen enttäuscht, wodurch der positive Ruf des Originalproduktes in Mitleidenschaft gezogen wird und somit ein zusätzlicher

---

[28] Vgl. Frontier 2009, S. 1, siehe unter „Building on the work of the OECD".

Schaden für den Hersteller entsteht. Neben den monetären Schäden tritt bei den Herstellern der Originalprodukte zugleich eine Entwertung bzw. Verwässerung der Marke auf. Viele Kunden kaufen sich luxuriöse Markenartikel, um sich dadurch mit einer gewissen Exklusivität auszustatten bzw. diese zur Schau zu stellen. Ist jedoch allgemein hin bekannt, dass sich in nicht unerheblichem Umfang identisch aussehende Falsifikate auf dem Markt befinden, so wird jenes Ziel verfehlt. Die Marke verzeichnet einen Imageverlust und verliert ihren exklusiven Charakter. Dies ist ein wirtschaftlich sehr bedeutender Aspekt, da gerade bei Luxusartikeln die besonders massiven Gewinnspannen größtenteils auf den Markeneffekt zurückzuführen sind.[29]

Die sich im Umlauf befindlichen Fälschungen stellen für die Originalhersteller zudem noch eine weitere finanzielle Belastung dar. Treten nämlich an den unbewusst erworbenen Fälschungen Defekte auf oder nimmt gar der Verbraucher durch das Benutzen des Produktes einen gesundheitlichen Schaden, wird er i. d. R. seine Gewährleistungs- und Produkthaftungsansprüche geltend machen. In diesen Fällen obliegt dem Hersteller die Beweispflicht. Die Beschaffung von entlastenden Argumenten wird dabei beträchtlich erschwert, wenn Verbrauchsgüter betroffen sind und die streitgegenständliche Ware nicht mehr vorweisbar ist. Insbesondere durch die Anwendung von gefälschten Medikamenten bzw. Arzneimitteln können mitunter große Schadensummen entstehen. Aufgrund der Nachweispflicht befindet sich der Hersteller in einer vergleichsweise schwachen Position, weshalb er oftmals für die fehlerbehafteten Produkte zur Verantwortung gezogen wird.[30]

3.4.2 Folgen für die Endverbraucher

Die Produktfälscher befinden sich im Wirtschaftswettbewerb in einer komfortablen Ausgangssituation. Sie haben in ihrer Absicht maximalen Profit zu erwirtschaften, keine negativen Konsequenzen zu erwarten, sollten die Erzeugnisse nicht den Anforderungen der Verbraucher entsprechen. Diese Einstellung wird für den Endabnehmer besonders eklatant bzw. gefährlich, wenn es sich dabei um Produkte handelt,

---

[29] Vgl. von Welser 2007, S. 48.
[30] Vgl. von Welser 2007, S. 49.

durch deren Anwendung negative gesundheitliche Auswirkungen entstehen können. Hierzu gehören u. a. die Branchen Automobilbau, Elektroteile, Nahrungsmittel, Chemikalien, Haushaltsgeräte und Arzneimittel. Gefälschte Medikamente nehmen in dieser Aufzählung eine übergeordnete Rolle ein. Falsche Dosierungen und Zusammensetzungen von Wirkstoffen verwehren die notwendige Versorgung für hilfebedürftige Menschen. Die gesundheitlichen Beschwerden bleiben unbehandelt und können sich soweit verschlimmern, dass sie in extremen Fällen den Tod zur Folge haben.[31] In China sterben aufgrund dieser Ursache jährlich zwischen 150.000 und 200.000 Menschen.[32]

Den Konsumenten drohen aus dem Erwerb von Plagiaten nicht nur negative Konsequenzen für die Gesundheit, sondern auch erhebliche ökonomische Nachteile unterschiedlichster Ausprägung. Durch den Kauf von gefälschten Artikeln erwerben sie qualitativ minderwertigere Ware oftmals zum ähnlichen Preis der Originalprodukte. Das Kosten-Nutzen-Verhältnis gestaltet sich deshalb im Nachhinein für den Verbraucher i. d. R. nachteilig.[33] So können z. B. Textilien schon nach der ersten Wäsche zerschleißen sowie elektronische Artikel und Uhren schnell funktionsuntüchtig werden.[34] Desweiteren sind diese Konsumenten dem sogenannten Sanktionsrisiko ausgesetzt. Sie laufen Gefahr, dass die Fälschungen durch die Zollbehörden beschlagnahmt und vernichtet werden, welches zuzüglich zur Auferlegung von Bußgeldern führen kann.[35] Oftmals haben die Verbraucher ihre Zahlungen für z. B. über das Internet bestellte Artikel schon im Vorhinein getätigt. Die Erstattung des Kaufpreises ist für gewöhnlich nicht realisierbar, da der Konsument gegen die Anbieter keinerlei Gewährleistungs-, Garantie- oder Produkthaftungsansprüche erfolgreich durchsetzen kann.[36]

---

[31] Vgl. o. V. 2008, S. 117 f.
[32] Vgl. Fuchs 2006, S. 51.
[33] Vgl. Thaler 2009, S. 50 f.
[34] Vgl. Wölfel 2003, S. 41.
[35] Vgl. Thaler 2009, S. 51.
[36] Vgl. Fuchs 2006, S. 52.

3.4.3 Folgen für die Volkswirtschaft

Die Auswirkungen der Produktpiraterie auf die betroffenen Volkswirtschaften sind für diese mit großen finanziellen Verlusten verbunden. So entsteht allein in den G20-Staaten jährlich ein geschätzter Schaden von über 100 Milliarden Euro. Dabei verursachen ausbleibende Steuereinnahmen und höhere Sozialausgaben eine Mehrbelastung von ca. 62 Milliarden Euro. Für die Bekämpfung der Produktpiraterie müssen weitere 20 Milliarden Euro aufgewendet werden. Zusätzliche Kosten in Höhe von 14,5 Milliarden Euro sind auf Todesfälle zurückzuführen, welche aus dem Umgang mit Fälschungen resultieren. Eine weitere Folge zunehmender Produktpiraterie ist der Rückgang ausländischer Direktinvestitionen. Dies könnte für die G20-Staaten einen zusätzlichen Steuerverlust von jährlich mehr als 5 Milliarden Euro bedeuten.[37] Letztendlich wird auch die Umwelt von den Einflüssen vermehrt auftretender Falsifikate stark belastet. Dieser Umstand basiert einerseits auf der Vernichtung der beschlagnahmten Waren und andererseits auf der Benutzung nicht normgerechter, nachgeahmter Erzeugnisse vornehmlich aus der Chemie- und Düngemittelbranche. Allein in Deutschland wurde für 2009 als Folge der Produktpiraterie ein Gesamtschaden des Gemeinwesens von ca. 50 Milliarden Euro veranschlagt.[38]

Besonders stark betroffen ist der Arbeitsmarkt in den jeweiligen Volkswirtschaften. Wird der Konsumentenbedarf an Gütern zunehmend durch Fälschungen gedeckt, entsteht eine Beschäftigungsverlagerung hin zu den Territorien der rechtsverletzenden Parteien.[39] Gemäß eingehender Analysen wurden durch das zunehmende Auftreten von Produktfälschungen innerhalb der G20-Staaten geschätzte 2,5 Millionen Arbeitsplätze vernichtet. Bei dieser Erhebung blieben Stellen von betroffenen Zulieferern, Einzelhändlern und anderen Sektoren der Lieferkette unberücksichtigt.[40]

---

[37] Vgl. Frontier 2009, S. 3.
[38] Vgl. ICC 2009, siehe 4. Absatz.
[39] Vgl. o. V. 2008, S. 107.
[40] Vgl. Frontier 2009, S. 3.

4 Schutz geistiger Eigentumsrechte in der VR China

4.1 Landesspezifische Rahmenbedingungen für die Produkt- und Markenpiraterie

Die Weltproduktion an schutzrechtsverletzenden Waren geht zum großen Teil von chinesischem Boden aus. Dieser Aspekt wird durch zahlreiche Statistiken, Erfahrungsberichte sowie amtliche Quellen belegt.[41] Schätzungen zufolge sind allein 10 bis 30 % des gesamten chinesischen BIP auf die Produkt- und Markenpiraterie zurückzuführen. Der Anteil schutzrechtsverletzender Erzeugnisse am Einzelhandelsumsatz der Volksrepublik wird auf 15 bis 20 % taxiert. Bei digitalen Artikeln wie Software oder Computerspielen beträgt die Marktabdeckung der sogenannten Fakes mittlerweile über 90 %.[42] Kein anderes Land der Erde verfügt auch nur annähernd über ein vergleichbares Fertigungs-, Distributions- und Absatzvolumen gefälschter Güter wie das Reich der Mitte.

Daraus resultiert eine fortschreitende, flächendeckende Ausbreitung dieser Produkte über die Landesgrenzen hinaus, welche für die internationale Staatengemeinschaft eine zunehmende Bedrohung darstellt. Insbesondere führende Innovationsnationen wie die USA oder Japan fühlen sich deshalb genötigt, wirksame Maßnahmen gegen die sich weiter ausbreitende Fälscherindustrie vorzunehmen. Im Zuge jener Entwicklung sollte jedoch nicht vergessen werden, dass gerade die USA und Japan ihre Position in der Weltwirtschaft durch die Verletzung geistiger Eigentumsrechte gestärkt haben. Während es in den Vereinigten Staaten bereits im 19. Jahrhundert zu derartigen Verstößen kam, verschaffte sich Japan vor allem in den fünfziger Jahren durch das Kopieren US-amerikanischer Automobilmodelle widerrechtliche Vorteile.[43] Nur wenige Jahre später schlugen Länder wie Südkorea, Taiwan oder Hongkong einen vergleichbar unrühmlichen Weg ein.[44]

---

[41] Vgl. Fuchs 2006, S. 63.
[42] Vgl. Shenkar 2007, S. 119 f.
[43] Vgl. Shenkar 2007, S. 65.
[44] Vgl. Blume 2006-C, S. 79.

Der Volksrepublik muss allerdings im Vergleich zu den genannten Staaten eine Sonderrolle zugestanden werden, denn die Quantität der hergestellten und weltweit vertriebenen Piraterieprodukte beträgt ein Vielfaches. Wie ist jedoch diese außergewöhnliche Position Chinas zu erklären? Sicherlich wirken Faktoren wie die regionale Größe, das gewaltige Vorkommen an Humankapital und das niedrige Kostenniveau unterstützend auf die Vormachtstellung ein, im Verhältnis betrachtet reichen aber jene Faktoren als alleinige Argumente nicht aus. Vor allem im asiatischen Raum besitzen einige Staaten ähnliche Bedingungen. Wer die Antwort finden will, kommt deshalb nicht umhin, die soziokulturellen und wirtschaftspolitischen Hintergründe Chinas näher zu beleuchten. Letztere stützen sich zum Großteil auf die geschichtlichen Zusammenhänge seit Gründung der Volksrepublik.

4.1.1 Politische und wirtschaftliche Hintergründe

4.1.1.1 Historische Entwicklung der VR China

Die Geburtsstunde des größten sozialistischen Staates Asiens schlug am 01.10.1949, als der Vorsitzende der Kommunistischen Partei, Mao Zedong, in der Hauptstadt Beijing die Volksrepublik China ausrief. Diesem historischen Moment war ein vierjähriger Bürgerkrieg gegen die Regierungstruppen Chiang Kaisheks vorausgegangen, den die sogenannten Kommunisten und ihre Rote Armee für sich entscheiden konnten. Die gestürzte Regierung und ihre Anhänger flüchteten nach Taiwan und gründeten dort die „Republik China".[45]

Die siegreichen Revolutionäre um Mao Zedong übernahmen dagegen den politischen Vorsitz auf dem chinesischen Festland. Nach sowjetischem Muster errichteten sie einen sozialistischen Staat, der zentrale Planwirtschaft betrieb.[46] In den fünfziger Jahren wurde neben der Bodenreform eine vollständige Verstaatlichung der Industrie und des Handels durchgeführt. Im Jahr 1958 wollte Mao Zedong mit dem sogenannten „Großen Sprung nach vorn" den Übergang vom Sozialismus in den Kommunis-

---

[45] Vgl. Heilmann 2005, S. 6.
[46] Vgl. Shenkar 2007, S. 52.

mus einleiten. Diese ideologische Massenkampagne unter Fehllenkung von Energien und Ressourcen mündete in einer großen Hungersnot, welche drei Jahre andauerte und zwischen 20 und 30 Millionen Chinesen das Leben kostete. In weiten Teilen der Parteiführung war diese nationale Katastrophe der Ausgangspunkt für ein wirtschaftliches Umdenken. Für sie sollte die Produktion von nun an getrennt vom Klassenkampf erfolgen. Die Vertreter dieses Kurses wurden jedoch von Mao Zedong des Verrates bezichtigt und im Zuge der von 1966 bis 1976 andauernden „Großen Proletarischen Kulturrevolution" ihrer Positionen enthoben und inhaftiert. Proteste von Systemkritikern wurden gewaltsam niedergeschlagen. Schätzungsweise 10 bis 30 Millionen Intellektuelle und willkürlich politisch angeprangerte Menschen verloren ihr Leben.[47, 48]

Nach dem Tod Mao Zedongs im Jahr 1976 bildete sich innerhalb der Regierung eine breite Koalition von Mitgliedern heraus, die sich für eine Leistungssteigerung und Öffnung der Wirtschaft einsetzte. Die Gesellschaftsordnung des Sozialismus sollte dabei jedoch unangetastet fortbestehen. Unter dieser Zielvorgabe leitete 1978 die neue Parteispitze um Deng Xiaoping, Hu Yaobang und Zhao Ziyang die Reformpolitik zur Liberalisierung des ökonomischen Sektors ein.[49] Jener Schritt weg von der Plan- und hin zur Marktorientierung wird als Ausgangsereignis des chinesischen Wirtschaftsaufschwungs angesehen.[50]

Die Ergebnisse, welche aufgrund des Kurswechsels bis in die Gegenwart erreicht wurden, sind in ihrer Tragweite und Konstanz absolut beeindruckend. Die nüchternen Zahlen belegen dies eindeutig. Hierfür wird beispielhaft die Entwicklung des Exportvolumens kurz aufgezeigt. An ihr ist der bemerkenswerte Anstieg der chinesischen Wirtschaftskraft besonders deutlich zu erkennen. So belief sich 1979 der Wert der ausgeführten Produkte auf 10 Milliarden Euro,[51] wohingegen allein im März 2010 ein Exportvolumen von knapp 100 Milliarden Euro erreicht wurde. Gemäß jener Statistik hat das Reich der Mitte den internationalen Spitzenrang erklommen

---

[47] Vgl. Heilmann 2005, S. 6 ff.
[48] Vgl. Zinzius 2007, S. 150.
[49] Vgl. Zinzius 2007, S. 33.
[50] Vgl. Heilmann 2005, S. 8.
[51] Vgl. Zinzius 2007, S. 144.

und den langjährigen sogenannten Exportweltmeister Deutschland abgelöst.[52] Als weltgrößter Produzent schutzrechtsverletzender Waren partizipiert dieser Industriezweig gleichermaßen vom wirtschaftlichen Aufstieg der Volksrepublik. Besonders die hohen Zuwachsraten im Exportbereich stimmen diesbezüglich nachdenklich.

Schlussendlich muss klar konstatiert werden, dass China den Verbund elementarer Bestandteile von zwei grundverschiedenen Gesellschaftsordnungen erfolgreich bewerkstelligen konnte. Dies bezeugt die Außergewöhnlichkeit der chinesischen Denk- und Handlungsweise, welche auch in den nächsten Kapiteln Gegenstand der Untersuchungen sein wird.

4.1.1.2 Modernisierungspolitik und Technologisierung

Ein sowohl strategischer als auch wesentlicher Schritt für die außerordentliche Entwicklung der chinesischen Produktpiraterie lag in der Modernisierungspolitik begründet, die Ende der siebziger Jahre in Angriff genommen wurde. Das Hauptaugenmerk der damaligen Regierung um Deng Xiaoping galt dem Aufbau marktwirtschaftlicher Strukturen, um eine Steigerung der ökonomischen Leistungsfähigkeit zu bewirken. Zu diesem Zweck wurden die außenwirtschaftliche Öffnung und umfassende ökonomische Reformen eingeleitet.[53]

Die Wirtschaftsdynamik sollte vor allem durch einen gewaltigen Zustrom von Investitionen aus dem Ausland angetrieben werden.[54] Den internationalen Unternehmen wurden dazu verschiedene Anreize wie beispielsweise günstige Besteuerungsregeln für den Aufbau von Produktionskapazitäten geboten. In besonderem Maße galt die Erreichung technologischen Fortschritts als Schlüssel zum Erfolg, weshalb China hohen Wert auf die Gründung von Joint Ventures, die Vergabe von Lizenzen und den Know-how-Transfer legte.[55]

---

[52] Vgl. OECD 2010, siehe Tabelle unter „Non-OECD Member Economies".
[53] Vgl. Sandschneider 1998, S. 181.
[54] Vgl. Heilmann 2005, S. 8.
[55] Vgl. Shenkar 2007, S. 91 ff.

Den einheimischen Produzenten wurde dadurch die Möglichkeit gegeben einerseits auf legalem Wege zu partizipieren, andererseits jedoch auch, die zur Verfügung gestellten innovativen Kapazitäten für eigene Zwecke zu missbrauchen. Ein großer Teil der chinesischen Unternehmen fand zu der Überzeugung, dass es gewinnbringender ist, das Geschäftskonzept auf Kosten des Einfallsreichtums und Erfindergeistes Dritter aufzubauen.[56] So kam es Mitte der neunziger Jahre zu einer regelrechten Expansion des Fälschertums, wobei vor allem die Textil- und Leichtindustrie betroffen war.[57] Die zunehmende Industrialisierung verschaffte den Produktpiraten auch insofern Vorteile, weil ihnen nun die Möglichkeiten der Massenfertigung zur Verfügung standen. Dadurch konnte der Absatz enorm gesteigert und neue Marktanteile dazugewonnen werden.[58] Mittlerweile hat sich die Volksrepublik zu einer globalen Wirtschaftsmacht entwickelt. Im Sog dieses Aufschwungs erreichte die Fälscherindustrie aufgrund der geringeren internationalen Konkurrenz eine weitaus höhere Wachstumsrate.

4.1.1.3 Dezentralisierungsmaßnahmen und lokaler Protektionismus

Als weitere Ursache für das Aufblühen der Produktpiraterie muss die Dezentralisierung von wirtschafts- und finanzpolitischen Kompetenzen gesehen werden, welche durch die Reform- und Öffnungspolitik initiiert wurde.[59] Sie hatte zum Ziel, durch die Zurücknahme der zentralstaatlichen Kontrollgewalt, die regionalen und lokalen Regierungen in ihrer Entscheidungsautonomie zu stärken. Dadurch sollten regionale Marktstrukturen wiederhergestellt und neue wirtschaftliche Impulse gesetzt werden.[60]

Ein signifikanter Nebeneffekt der Dezentralisierungsmaßnahmen war die Herausbildung politischer Sonderinteressen der lokalen Regierungen, die in Abhängigkeit zur wirtschaftlichen Leistungsfähigkeit standen. Auch die persönlichen Aufstiegschan-

---

[56] Vgl. Clark 2000, S. 22 ff.
[57] Vgl. Blume 2006-A, S. 22.
[58] Vgl. Chow 2002, S. 201 f.
[59] Vgl. Heilmann 1998, S. 190.
[60] Vgl. Holbig 2001, S. 154.

cen der Kader waren zum Großteil mit der ökonomischen Entwicklung des jeweiligen Verantwortungsraumes verbunden.[61] Zwischen den Bezirken und Provinzen entstand zunehmend ein Konkurrenzkampf um Wirtschaftswachstum, Steuereinnahmen und Arbeitsplätze. Bei den Überlegungen der regionalen Politik zur Maximierung dieser Punkte spielte die Produkt- und Markenpiraterie eine entscheidende Rolle, da sie ohne umfangreiche Investitionen hohe Profite versprach. Die lokalen Unternehmen besaßen i. d. R. nur eine geringe Kapitalausstattung und überholte technologische Voraussetzungen, so dass die Förderung der Fälscherindustrie für die Bezirksregierungen oftmals den einzigen Weg darstellte, eine positive ökonomische Entwicklung für ihr Territorium zu realisieren.[62] Viele Regionen spezialisierten sich somit bei ihren Industrialisierungsprozessen auf dieses Segment und unterstützten damit die Produktion und Verbreitung der Falsifikate.[63]

Jenes Vorgehen diente ausschließlich der persönlichen Nutzenmaximierung und verstieß strikt gegen die staatlichen Gesetze, welche zwar in der Hauptstadt Beijing verabschiedet werden, deren Umsetzung jedoch durch lokale Behörden und Gerichte erfolgt.[64] Dadurch wird dem Pirateriewesen in den Bezirken nicht nur Duldung und Unterstützung, sondern auch politischer und wirtschaftlicher Schutz verschafft. Jener Protektionismus ist möglich, weil das politische System der Volksrepublik keine Gewaltenteilung vorsieht.[65] Die kommunistische Partei ist eng mit dem Rechtswesen verknüpft. So steht beispielsweise jedem Gericht ein Präsident vor, der i. d. R. gleichzeitig die Position des Parteisekretärs dieser Einrichtung bekleidet. Jedes Urteil muss von ihm bestätigt werden.[66] Desweiteren beziehen die Staatsanwälte und Richter von den regionalen Regierungen ihr Gehalt.[67] Insofern ist eine große Abhängigkeit von den Interessen der hiesigen Behörden und Wirtschaftsunternehmen gegeben, wodurch der lokale Protektionismus eine sehr umfassende Machtfülle erhält.

---

[61] Vgl. Oberender 2003, S. 64.
[62] Vgl. Oi 1999, S. 80.
[63] Vgl. Liu 1992, S. 293 ff.
[64] Vgl. Tannert 2007, S. 63 f.
[65] Vgl. Liangya 2004, S. 455.
[66] Vgl. Ghanea 2005, S. 296.
[67] Vgl. Heilmann 2002, S. 143.

Die geschilderten Bestandteile stellen in dieser Tragweite und Zusammensetzung weltweit einzigartige Voraussetzungen für das Gedeihen der Produkt- und Markenpiraterie dar. Letztendlich ist auch die Grundlage für diese Rahmenbedingungen beispiellos: die Kombination aus Marktwirtschaft und nichtdemokratischer Regierungsform. Die Erfolgsformel der chinesischen Schutzrechtsverletzer ist damit jedoch noch nicht komplett. Hinzuzurechnen sind die Elemente der sozialen und kulturellen Sektoren, welche im nachfolgenden Kapitel veranschaulicht werden.

4.1.2 Soziale und kulturelle Hintergründe

Das soziokulturelle Umfeld des ehemaligen Kaiserreiches geht auf eine jahrtausendealte Tradition zurück, die entsprechend tiefverwurzelt noch immer die Verhaltensweisen der Chinesen erheblich bestimmt. Besonderen Einfluss besitzen dabei Konfuzianismus und Guanxi. Beides sind kulturelle Vermächtnisse, die u. a. auch die Vorstellungen von Recht und Unrecht im Bezug auf das Kopieren und Fälschen prägen. Sicherlich sind sie nicht in erster Linie ausschlaggebend für die umfangreichen Rechtsschutzverletzungen in China. Sie können jedoch als ursächlich für fehlendes oder geringes Unrechtsbewusstsein in weiten Teilen der chinesischen Bevölkerung angesehen werden, wovon die organisierte Fälscherindustrie erheblich profitiert.

4.1.2.1 Konfuzianismus und Kollektivismus

Der Konfuzianismus stellt eine Philosophie dar, in deren Mittelpunkt die menschlichen Beziehungen stehen. Der Schwerpunkt liegt dabei auf der Ordnung bzw. den Regeln im menschlichen Miteinander, wobei umfassende gesellschaftliche Harmonie und das Allgemeinwohl das Ziel bilden. Das Individuum wird nicht als isolierte Einheit, sondern als Teil eines Ganzen - z. B. der Familie - angesehen.[68] Die Bildung, vermittelt durch ein lebenslanges und intensives Studium, stellt in jener Sichtweise einen Schlüsselbegriff dar. Bestehende Errungenschaften, die sich durch besondere Innovation, Kreativität und hohe Qualität auszeichnen, stehen dabei im

---

[68]   Vgl. Fuchs 2006, S. 63 f.

Mittelpunkt von Lernprozessen. Dem ursprünglichen Leistungsersteller wird eine besondere Ehre zuteil, da sein geistiges Gut Gegenstand des angestrebten Wissenserwerbs ist. Nach den Lehren des Konfuzius ist die Nachahmung anderer somit nicht als Unrecht anzusehen, sondern als Weg, seine eigenen Fähigkeiten zu vervollkommnen.

Ein Großteil der Chinesen hat den konfuzianischen Gedanken verinnerlicht und misst dieser philosophischen Wertvorstellung ein weitaus höheres Gewicht bei als erlassenen Gesetzen der Regierung.[69, 70]

Der auf das Allgemeinwohl ausgerichtete Kernansatz des Konfuzianismus besitzt bedeutenden Anteil an der kollektivistischen Denkweise der chinesischen Gesellschaft. Charakteristisch für den Kollektivismus ist die Koordination und Orientierung des Lebensstils eines Einzelnen an den Interessen und Regeln der zugehörigen Gruppe.[71] Es besteht ein starkes Abhängigkeitsverhältnis, wobei ein hohes Maß an Pflichtbewusstsein und bedingungslosem Loyalitätsempfinden gegeben ist. Die kollektiven Interessen sind denen des Einzelnen vorangestellt. Entsprechend genießt der Vorteil für die Gruppe z. B. durch die Nutzung einer neuen Technologie generell Vorrang vor individuellen Anrechten des Urhebers. Dem Chinesen ist der Gedanke somit traditionell fremd, dass die Übernahme fremder Konzepte oder das Nachahmen von Erzeugnissen anderer als Diebstahl oder Unrecht angesehen werden könnte. Das geistige Eigentum bzw. Wissen, Ideen und Fähigkeiten sind nach chinesischer Philosophie nicht als Besitz einer einzelnen Person begreifbar, da diese innovativen Errungenschaften ihre positiven Eigenschaften nur als Gut der Gemeinschaft entfalten können.[72]

---

[69]   Vgl. Fuchs 2006, S. 64 f.
[70]   Vgl. von Welser 2007, S. 196.
[71]   Vgl. Xiao 2007, S. 121.
[72]   Vgl. Fuchs 2006, S. 66 f.

4.1.2.2 Guanxi

Das Streben nach Allgemeinwohl und Harmonie spielt auch bei Guanxi eine wesentliche Rolle, wobei dieser elementare Bestandteil der chinesischen Kultur deutliche Parallelen zum Konfuzianismus aufweist. Für die Wortschöpfung Guanxi existiert jedoch keine klare Definition. Am ehesten lässt sich der Begriff mit „persönliche Beziehungen" übersetzen, bei denen vor allem der Austausch von Gefälligkeiten im Vordergrund steht. Die Verbindungen verflechten dabei oftmals den familiären, freundschaftlichen und geschäftlichen Bereich. Diese nutzbringenden Kontakte können sich zu großen Netzwerken verknüpfen, die entscheidenden Einfluss auf das gesamte gesellschaftliche Leben und somit auch auf Politik und Wirtschaft haben. Im Unterschied zu dem menschlichen Miteinander z. B. in westeuropäischen Ländern besitzen Guanxi einen weitaus umfangreicheren Wirkungskreis. Ein erfolgreiches Geschäftsleben ohne diese Art von Geben und Nehmen ist in der Volksrepublik nicht möglich.[73] Die Netzwerke dienen dem Einzelnen auch als Schutz vor der gesellschaftlichen Isolation und einer Umwelt ohne verlässlichen rechtlichen Rahmen. Ferner ist Guanxi Voraussetzung für die Realisierung persönlicher Ziele wie beispielsweise der beruflichen Karriere. Demzufolge ist jeder Chinese Bestandteil dieser Verbindungen und darin bestrebt, seine Kontakte soweit wie möglich auszubauen. Entsprechend ist er jedoch auch gewissen Verhaltensmustern unterlegen. So beruht das sogenannte Business-Guanxi auf strikter Gegenseitigkeit, wodurch die betreffenden Personen abstrakte Schuldverpflichtungen eingehen.[74] Verstößt ein Mitglied gegen die Regeln des Bündnisses, so zieht dies Vertrauensverlust oder gar den Ausschluss nach sich.[75]

Ein moralisch korrektes Verhalten im Sinne von Guanxi muss nicht gleichzeitig gesetzeskonform sein. Bei Mitarbeitern der Regierung und Behörden kann die Koexistenz von Rechtsordnung einerseits und Guanxi-Netzwerken andererseits

---

[73] Vgl. Zinzius 2007, S. 56.
[74] Vgl. Fan 2002, S. 552.
[75] Vgl. Heberer 1991, S. 126.

starke Interessenkonflikte hervorbringen. In entsprechenden Fällen könnte dies dazu führen, dass Bedienstete von Strafverfolgungsbehörden z. B. vor Razzien warnen, Ermittlungshinweisen nicht nachkommen, Beweise vernichten oder Verschleppungstaktiken bei anhängigen Verfahren anwenden.[76] Das Beziehungsgeflecht mündet dadurch nicht selten in lokalem Protektionismus, welcher einen wesentlichen Beitrag zur Unterstützung der Produkt- und Markenpiraterie leistet.[77]

4.1.2.3 Korruption

Die Beziehungsnetzwerke werden aufgrund der Notwendigkeit von gegenseitigen Gefälligkeiten in westlichen Breiten sehr kritisch gesehen, weil nach hiesigem Verständnis die Grenze zur Korruption überschritten scheint.[78] Auch wenn beide Bereiche nicht selten ineinander übergehen, so können sie nicht als sinnverwandt angesehen werden. Guanxi an sich verkörpert keine Korruption, wird jedoch oftmals als Ausgangspunkt für diese missbraucht. Ist für die Schutzrechtsverletzer die Beeinflussung der Behörden über das Beziehungsgeflecht nicht möglich, wird i. d. R. der Weg über die direkte Zuwendung eingeschlagen.[79] Die Erfolgsquote der Produktpiraten liegt dabei sehr hoch, da die Korruptionsbereitschaft der Beamten in China bedeutend größer ist als z. B. in westeuropäischen Staaten. Ausschlaggebende Gründe hierfür sind die vergleichsweise niedrige Bezahlung und schlechte Ausbildung der Behördenmitarbeiter.[80]

Zur Verdeutlichung dieses Rechtsproblems der Volksrepublik kann der CPI (Corruption Perception Index) bzw. Korruptionswahrnehmungs-Index von Transparency International herangezogen werden. Der CPI drückt das Ausmaß der Korruption in einem bestimmten Land aus und bewegt sich auf einer Skala von 0 bis 10. Je höher die Anfälligkeit für Korruption, desto niedriger ist der angegebene Wert. Grundlage dieser Rangfolgen sind Beurteilungen erfahrener Geschäftspersonen und Länderana-

---

[76] Vgl. Schramm 2001, S. 9 ff.
[77] Vgl. von Welser 2007, S. 197.
[78] Vgl. Zinzius 2007, S. 56.
[79] Vgl. Thaler 2009, S. 128.
[80] Vgl. Priest 2006, S. 826 f.

lysten. Im Jahr 2009 wurden 180 Staaten bewertet. Die Volksrepublik wurde mit einem CPI von 3,6 versehen, womit sie sich als eine der stärksten Wirtschaftsnationen der Welt gemeinsam mit Swasiland sowie Trinidad und Tobago auf Rang 79 eingliedert. Im Vergleich dazu erreichte Deutschland Rang 14 bei einem CPI von 8,0.[81, 82] Dieses Ergebnis zeigt sehr anschaulich, dass es sich hierbei um ein sehr ernstes Problem in China handelt. Will die Volksrepublik bei der Durchsetzung ihrer Rechtsvorschriften erfolgreich sein, so ist die Bekämpfung der weitverbreiteten Korruption dafür eine zwingende Voraussetzung.

4.2 Internationale Verträge und deren Auswirkungen auf das chinesische Immaterialgüterrecht

Ein vordergründiges Ziel der neuausgerichteten Wirtschaftspolitik Chinas war die verbesserte Integration in den Welthandel. Davon versprach sich die Volksrepublik einen Zuwachs an Mitspracherechten und Anerkennung sowie die Erweiterung seiner Absatzmärkte. Desweiteren wurde eine erhebliche Steigerung der ausländischen Direktinvestitionen und Technologietransfers angestrebt.[83]

Die Zusagen der Handelspartner zur Erbringung der benötigten Leistungen waren jedoch an die verbindliche Einhaltung der Immaterialgüterrechte geknüpft. Zur Verwirklichung der chinesischen Ambitionen war es somit notwendig internationalen Abkommen beizutreten, die den Schutz der geistigen Eigentumsrechte zum Inhalt hatten. Diesem „freiwilligen Zwang" wurde Nachdruck verliehen, indem die Handelspartner mit protektionistischen Gegenmaßnahmen drohten. So kündigte u. a. die USA Anfang der neunziger Jahre den Vollzug von milliardenschweren Strafzöllen an, sollte die Volkrepublik nicht die geforderte Absichtserklärung zur Modifizierung ihrer Immaterialgüterrechte unterzeichnen.[84]

---

[81] Vgl. Thaler 2009, S. 128 f.
[82] Vgl. TI 2010.
[83] Vgl. Blume 2006-B, S. 9.
[84] Vgl. Tannert 2007, S. 39.

Die nachfolgende Tabelle bietet einen Überblick zu den internationalen Verträgen mit chinesischer Beteiligung. Sie stellt keine abschließende Auflistung dar, sondern beschränkt sich auf die wesentlichsten Abkommen zum Schutz geistigen Eigentums.

Datum	Internationale Verträge
07.07.1979	Erstes internationales Abkommen Chinas zum Umgang mit geistigem Eigentum – Bilaterales Abkommen mit den USA
03.06.1980	Mitgliedschaft bei der World Intellectual Property Organization (WIPO)
19.03.1985	Beitritt zur Pariser Verbandsübereinkunft (PVÜ)
04.10.1989	Unterzeichnung des Madrider Markenabkommens (Madrid Agreement)
05.10.1992	Beitritt zur Berner Konvention
01.01.1994	Unterzeichnung des Patent Cooperation Treaty (PCT)
09.08.1994	Beitritt zum Nizzaer Abkommen (Nice Agreement)
17.06.1997	Unterzeichnung der Straßburger Vereinbarung (Straßburg Agreement)
11.12.2001	Mitgliedschaft bei der World Trade Organization (WTO)
09.06.2007	Beitritt zum Urheberrechtsabkommen der WIPO

Abb. 4: Internationale Übereinkommen zum Schutz geistigen Eigentums unter Mitwirkung der VR China
Quelle: Eigene Darstellung.[85]

Das am 07.07.1979 geschlossene bilaterale Abkommen mit den USA stellte den ersten internationalen Vertrag dar, den die Volksrepublik zur Regelung geistiger Eigentumsrechte unterzeichnete. Als Folge des Übereinkommens wurde das Reich der Mitte bereits am 03.06.1980 als Mitglied der WIPO (World Intellectual Property Organization) bzw. Weltorganisation für geistiges Eigentum aufgenommen. Diese Vereinigung gewährleistet ein gemeinsames Wirken der Verbände zum Schutz

---

[85] Zusammengestellt aus den Daten von: WIPO 2010-A; Blume 2006-B, S. 9 ff.

immaterieller Güter.[86] Im Zuge des Beitritts führte China 1982 ein nationales Markenrecht und ein Jahr später die Bestimmungen für das Patentrecht ein.[87]

Einen weiteren bedeutenden Schritt zu internationaler Anerkennung stellte der Anschluss an die PVÜ (Pariser Verbandübereinkunft zum Schutz des gewerblichen Eigentums) am 19.03.1985 dar. Diese Vereinbarung wird als erstes Abkommen in der Geschichte des Immaterialgüterrechts angesehen und bereits im Jahr 1883 verabschiedet. Nach Art. 4 der PVÜ wird einer Person in allen weiteren Mitglieds-staaten die Erstregistrierung und somit die Legitimation auf Erstverwertung von Marken, Patenten und Gebrauchsmustern zugestanden, sobald sie für die betreffen-den Schutzrechte innerhalb der Union eine Anmeldung eingereicht hat.[88, 89]

Als nächste Stufen in dieser Entwicklung sind die Einbindungen in das Madrider Markenabkommen am 04.10.1989 und das Vertragswerk über die internationale Zusammenarbeit auf dem Gebiet des Patentwesens zum 01.01.1994 anzusehen. Beide Übereinkommen garantieren, dass mit einer Anmeldung, über das vorgenannte Recht auf Erstregistrierung hinaus, die tatsächliche Sicherung in sämtlichen Mit-gliedstaaten erfolgt. Zur Klassifizierung der beiden Bereiche dienen das Nizzaer und das Straßburger Abkommen. Aus ihnen resultierte eine genauere Bezeichnung sowie Einkategorisierung der Rechte, z. B. die Unterscheidung zwischen Bild- und Wort-marken.[90, 91, 92] Auf dem Sektor des Urheberrechts unterzeichnete China am 15.10.1992 die Berner Übereinkunft zum Schutz von Werken der Literatur und Kunst. Hierunter fallen neben dem Schriftgut u. a. auch Lieder, Opern, Musicals, Gemälde und Skulpturen.[93] Eine Ratifizierung der Berner Konvention stellt der WIPO-Urheberrechtsvertrag dar, welcher den umfassenden Schutz auf sämtliche

---

[86]   Vgl. GD 2007, siehe unter „Ziele".
[87]   Vgl. Blume 2006-B, S. 9.
[88]   Vgl. WIPO 2010-A.
[89]   Vgl. WIPO 2010-B.
[90]   Vgl. WIPO 2010-C, siehe unter „International Registration".
[91]   Vgl. WIPO 2010-D, siehe erster Absatz.
[92]   Vgl. Rothe 2009, S. 7 f.
[93]   Vgl. WIPO 2010-B, siehe fünfter Absatz.

Formen von Computerprogrammen und elektronischem Datenmaterial erweiterte und von der Volksrepublik am 09.06.2007 unterzeichnet wurde.[94]

Als Meilenstein in der Geschichte und Entwicklung des chinesischen Immaterialgüterrechts muss der Beitritt zur WTO (World Trade Organization) bzw. Welthandelsorganisation am 11.12.2001 bezeichnet werden. Die Mitgliedschaft war an die Anerkennung des TRIPS (Agreement on Trade-Related Aspects Of Intellectual Property Rights) geknüpft, welches internationale Standards zum Schutz geistigen Eigentums vorgibt.[95, 96] Die Vereinbarung ist als Anhang 1C des Übereinkommens zur Errichtung der Welthandelsorganisation fest mit diesem verbunden[97] und implementiert die Prinzipien der Inländerbehandlung und Meistbegünstigung in die Rechtsgrundlagen der Mitgliedsländer. Ersteres bedeutet, dass China die Wirtschaftsbeteiligten anderer Unionsstaaten bezüglich Verfügbarkeit, Erwerb, Umfang, Aufrechterhaltung, Durchsetzung und Ausübung von Rechten des geistigen Eigentums wie Inländer behandeln muss. Die Meistbegünstigung hingegen besagt, dass aus handelspolitischer Sicht die Bevorzugung eines bestimmten Mitgliedsstaates unzulässig ist.[98] Der Schwerpunkt des TRIPS-Abkommens liegt jedoch in der für die Vertragsstaaten geltenden Verpflichtung, neben einem bestimmten Mindestumfang des Gesetzeswerkes auch die Gewähr für die effektive Rechtsdurchsetzung desselben zu übernehmen. Dieser elementare Fortschritt bei der Bekämpfung der globalen Produkt- und Markenpiraterie kam erst durch die Verknüpfung des Rechtsdurchsetzungsverfahrens der WTO mit den von der WIPO verwalteten Verträgen zustande. Die Art und Weise ihres Zusammenwirkens wird im TRIPS-Abkommen geregelt, worunter u. a. Maßgaben zu Unterlassung, Schadenersatz und Vernichtung von Pirateriewaren sowie die Einschaltung von Zollbehörden zählen.[99]

---

[94] Vgl. WIPO 2010-E, siehe erster Absatz.
[95] Vgl. Blume 2006-B, S. 13 f.
[96] Vgl. Tannert 2007, S 39 ff.
[97] Vgl. Eisenmann 2009, S. 291.
[98] Vgl. Creifelds 2002, S. 906.
[99] Vgl. Götting 2007, S. 87.

4.3 Gesetzeslage zur Sicherung geistiger Eigentumsrechte

Im Verlauf dieses Kapitels werden schwerpunktmäßig die drei Hauptbereiche des chinesischen Immaterialgüterrechts behandelt: Markengesetz, Patentgesetz und Urheberrechtsgesetz. Ergänzend wird das Gesetz gegen den unlauteren Wettbewerb hinzugezogen.

Zuvor werden in einem kurzen Überblick die Vor- und Nachteile der Schutzrechtseintragung erläutert. Sie dienen als Voraussetzung für die Sicherung der Immaterialgüter.

4.3.1 Schutzrechtseintragung: Vorteile, Grenzen und Gefahren

Die Eintragung gültiger Schutzrechte stellt für den Berechtigten eine elementare Bedingung zur Wahrung und Durchsetzung seiner Ansprüche dar. Nur durch sie kann ein effektives juristisches Vorgehen mittels wirkungsvoller Maßnahmen gegen Nachahmung von Kennzeichen, Designs oder Technik erfolgen.[100]

Selbst wenn ein Herstellerunternehmen seine Güter nicht auf dem chinesischen Markt vertreiben möchte, so ist es dennoch ratsam, entsprechende Schutzrechte in diesem Land einzutragen. Anderenfalls ist es ohne weiteres möglich, dass jedermann u. a. nicht registrierte Marken sowie Gebrauchs- und Geschmacksmuster europäischer Unternehmen nach dem „First-to-file-Prinzip" anmeldet und sich somit die betreffenden Rechte in der Volksrepublik sichert. Entsprechend könnte der Produktpirat dem Originalhersteller sogar den Vertrieb der eigenen Erzeugnisse in China verbieten. Daraus folgende juristische Verfahren würden dem Plagiator hohe Vergleichssummen zusichern. Der Produzent hat dabei die Möglichkeit, auf sein Vorbenutzungsrecht zu verweisen, für das er allerdings in der Beweispflicht steht.[101]

---

[100] Vgl. von Welser 2007, S. 199.
[101] Vgl. Brenner 2006, S. 282.

Jene Umstände und die Einsicht der Funktionalität von Schutzrechtseintragungen haben zu stark ansteigenden Anmeldezahlen geführt. Die nachstehende Grafik basiert auf statistischen Erhebungen des SIPO (State Intellectual Property Office of the People's Republic of China) bzw. des chinesischen Patentamtes und unterstreicht diese Behauptung eindrucksvoll. In ihr werden die inländischen Patentanmeldungen eines Jahres für den Zeitraum von 2000 bis 2009 dargestellt. Inbegriffen sind die Eintragungen für Geschmacks- und Gebrauchsmuster, die in China dem Patentrecht unterliegen. In dieser Periode ist ein deutlicher und kontinuierlicher Anstieg von 140.339 auf 877.880 Registrierungen zu verzeichnen, wodurch sich die Quantität der alljährlich vorgenommenen Anmeldungen innerhalb von zehn Jahren mehr als versechsfacht hat.

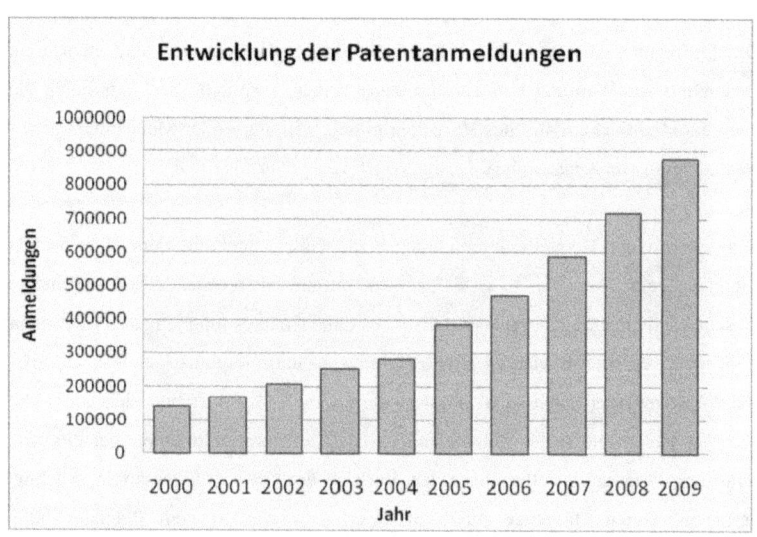

Abb. 5: **Entwicklung der Patentanmeldungen (VR China 2000 – 2009);**
Quelle: Eigene Darstellung.[102]

---

[102] Zusammengestellt aus den Daten von: SIPO 2010 – Applications for Three Kinds of Patents Received from Home and Abroad.

Liegt keine Eintragung vor, bliebe nur die Möglichkeit, über die Anerkennung der landesweiten Bekanntheit den beanspruchten Schutzstatus zu erlangen.[103] Trotz vorhandener Kenntnisse um die Vorteile der Schutzrechtseintragung wird von einigen Originalherstellern bewusst keine Registrierung in China vorgenommen. Ein bedeutendes Argument hierfür ist der weitverbreitete Missbrauch von vertraulichen Produktangaben. So ist beispielsweise bei Patent- und Gebrauchsmusteranmeldungen zwingend die Technologie offenzulegen. Äquivalent hierzu kann die Angabe des kompletten Quellcodes von Software bei der Urheberrechtseintragung genannt werden. Nicht selten erfolgt daraufhin die Weiterleitung dieser vertraulichen Informationen an die Piraterieunternehmen. Die Geheimhaltung der Produktdaten kann somit u. U. einen effektiveren Schutz als die Anmeldung darstellen.[104, 105]

Insgesamt betrachtet überwiegen die Vorteile einer Schutzrechtseintragung deutlich gegenüber deren Nachteilen. Der Verzicht auf die Registrierung des Anspruchs nimmt dem Berechtigten die Handhabe, sich gegen die Fälscher zur Wehr zu setzen. Im Allgemeinen schränken der Aufwand für Kosten und Formalitäten sowie der Missbrauch von Geschäftsgeheimnissen den Vorteil der Eintragung lediglich ein, sie können ihn jedoch nicht annähernd egalisieren.

4.3.2 Markenrecht

4.3.2.1 Historische Entwicklung

Mit der Gründung der VR China im Jahr 1949 und der damit verbundenen Machtübernahme durch die Kommunistische Partei war eine radikale Umwälzung des Rechtssystems verbunden. Das in der Republik China im Jahr 1923 erlassene Markengesetz wurde von der neuen Staatsregierung außer Kraft gesetzt. Damit einher ging die Auflösung des Rechtsschutzes von etwa 50.000 Markennamen, welche bis zum Jahr 1948 registriert waren. Stattdessen wurde in der Volksrepublik 1950 ein Warenzeichengesetz verabschiedet, welches jedoch u. a. aufgrund der

---

[103] Vgl. von Welser 2007, S. 199.
[104] Vgl. Firth 2006, S. 20.
[105] Vgl. von Welser 2007, S. 203.

Verstaatlichung von privateigenen Produktionsmitteln nur eine untergeordnete Relevanz besaß.[106] Die wirtschaftliche Neuorientierung unter Deng Xiaoping machte schließlich eine Reformierung der Immaterialgüterrechte notwendig. Dies hatte zur Folge, dass am 23.08.1982 das Markengesetz der VR China (chinMarkenG)[107] erlassen wurde, welches am 01.03.1983 in Kraft trat. Jene Rechtsnorm ist im Verbund mit den Ausführungsbestimmungen zum Markengesetz der VR China (chinABMarkenG)[108] die bedeutendste Grundlage des gegenwärtigen Markenrechts. Es wurde erstmals 1993 und zuletzt 2001 modifiziert, wobei die entsprechenden Ausführungsbestimmungen am 15.09.2002 in Kraft traten.[109]

4.3.2.2 Schutzgegenstand und Schutzumfang

Das chinesische Markengesetz besitzt die Aufgabe, die Verwaltung der Marken und den Schutz des ausschließlichen Nutzungsrechts an diesen Kennzeichen zu gewährleisten. Ferner soll es für die Unternehmer als Anreiz dienen, die Qualität ihrer angebotenen Produkte und Leistungen hochzuhalten, um ein hohes Ansehen ihrer Marken zu erhalten. Dies wiederum kommt den Interessen aller Wirtschaftsbeteiligten zu Gute und fördert die Entwicklung der sozialistischen Marktwirtschaft (Art. 1 chinMarkenG).

Schutzfähig im Sinne der Vorschrift sind Güter-, Dienstleistungs- und Kollektivmarken sowie Prüfzeichen, geografische Herkunftsangaben, Angaben über Bestandteile, Herstellungsverfahren, Qualität und andere Eigenschaften. Eintragungs- und somit schutzfähig sind alle sichtbaren Zeichen, die klar abtrennbare Merkmale aufweisen, nicht mit Rechten Dritter kollidieren und durch die eine Unterscheidung von Waren natürlicher Personen, juristischer Personen oder anderer Organisationen vorgenommen werden kann. Inbegriffen sind dabei Schriftzeichen, Abbildungen, Buchstaben,

---

[106] Vgl. Erd 2010, S. 34.
[107] Engl.: Trademark Law of the People's Republic of China; deutsche Übersetzung unter URL: http://lehrstuhl.jura.uni-goettingen.de/chinarecht/820823b.htm; abgerufen am 20.07.2010.
[108] Engl.: Implementing Regulations of the Trademark Law of the People's Republic of China; deutsche Übersetzung unter URL: http://lehrstuhl.jura.uni-goettingen.de/chinarecht/820823b.htm; abgerufen am 20.07.2010.
[109] Vgl. Ruhe 2007, S. 294.

Zahlen, dreidimensionale Zeichen und Farbzusammenstellungen sowie Kombinationen der genannten Bestandteile.

Die Sicherung wird erreicht durch die Eintragung des Zeichens in das vom CTMO (Chinese Trademark Office) bzw. chinesischen Markenamt geführte Register (Art. 3, 4, 8, 9 chinMarkenG). Der einzige Weg, einen Schutzstatus für eine Marke ohne Eintragung zu erwirken, ist die Anerkennung ihrer notorischen Bekanntheit, welche nur auf Antrag und über das betreffende Verfahren beim Markenamt oder Gericht erworben werden kann. Durch diese Regelung ist es dem Schutzrechtsinhaber möglich, die widerrechtliche Benutzung oder Eintragung seiner bekannten Marke in China zu unterbinden (Art. 13, 14 chinMarkenG).[110]

Der Markensicherung sind durch die absoluten und relativen Schutzhindernisse Grenzen gesetzt. Grundsätzlich dürfen nach Art. 10 chinMarkenG keine Marken verwendet werden, welche u. a. Staatsnamen, Staatsflaggen oder Staatsembleme widergeben. Ebenso uneingeschränkt ausgeschlossen sind Symbole des Roten Kreuzes, des roten Halbmondes sowie Zeichen mit rassendiskriminierendem, übertreibendem, propagandistischem und irreführendem Charakter. Nach Art. 11 chinMarkenG bewirken hingegen die relativen Schutzhindernisse, dass beispielsweise Zeichen, die lediglich beschreibenden Charakter besitzen oder denen kennzeichnende Merkmale fehlen, nicht zur Eintragung zugelassen werden. Dabei besteht die wesentliche Eigenart, dass diese Beschränkung durch den Gebrauch des Zeichens im Geschäftsverkehr durchbrochen werden kann und somit die Eintragung als Marke möglich ist. Dafür muss jedoch die Bedingung erfüllt sein, dass das betreffende Zeichen durch seine Verwendung Merkmale zur Unterscheidung erworben hat.

Die Beantragung des Schutzes muss in der Volksrepublik explizit für jede Marke vorgenommen werden. Wurde das Zeichen im Ausland angemeldet, so kann der Berechtigte innerhalb der nächsten sechs Monate ein Prioritätsrecht für die Registrierung der gleichen Marke in China geltend machen (Art. 24 chinMarkenG). Die

---

[110] Vgl. Zhu 2010, S. 44.

Registrierung einer Marke beruht generell auf Freiwilligkeit. Einzige Ausnahme von diesem Grundsatz bilden Zeichen der Pharma- und Tabakprodukte, für die eine Anmelde- und Eintragungspflicht besteht.[111] Der Inhaber einer Marke genießt ein ausschließliches Nutzungsrecht, welches auf das genehmigte eingetragene Kennzeichen und die zur Benutzung stattgegebenen Waren oder Dienstleistungen begrenzt ist. Inbegriffen ist dabei die Abtretung an Dritte und die Überlassung der Markennutzung gegen die Zahlung einer Lizenzgebühr. Ferner ist er autorisiert, von seinem Verbotsrecht Gebrauch zu machen. Im Zuge dieses Anspruches kann der Markeninhaber für die betreffende Warenklasse rechtswidrige Benutzungshandlungen, die im Zusammenhang mit seiner Marke stehen, verbieten (Art. 3, 39, 40, 51, 52 chinMarkenG). Die Schutzdauer für die registrierten Warenzeichen beträgt 10 Jahre und beginnt mit dem Tag der Eintragungsgenehmigung. Für jeweils den gleichen Zeitraum ist die Verlängerung des Markenschutzes mittels Antrag und Zahlung einer Gebühr beliebig oft möglich (Art. 38, 39 chinMarkenG).

4.3.2.3 Anmeldeverfahren

Die Bestimmungen zur Markenanmeldung in der VR China setzen eine Reihe von formellen Anforderungen voraus und stützen sich zum großen Teil noch immer auf die ursprünglichen Formulierungen des Markengesetzes von 1982. Dabei muss für jedes Zeichen einer Warenklasse eine separate Registrierung erfolgen, welches ein hohes Maß an Arbeits- und Kostenaufwand nach sich zieht.[112]

Unabhängig von der Nationalität des Antragstellers ist die Anmeldung in chinesischer Sprache beim Markenamt der Volksrepublik einzureichen (Art. 8 chinABMarkenG). Sie kann durch jede Rechtsperson, unabhängig von einer genehmigten Geschäftstätigkeit (Art. 4 Abs. 1 chinMarkenG), unter Entrichtung der Eintragungsgebühren sowie der Angabe von Warenbezeichnung und -klasse erfolgen. Unternehmen, die keinen Sitz in der Volksrepublik nachweisen können, sind dazu verpflichtet, die Anmeldung nur unter Zuhilfenahme von bevollmächtigten Vertretern

---

[111] Vgl. Schmitz-Bauderdick 2005, S. 74.
[112] Vgl. Li 2003, S. 410.

vorzunehmen (Art. 18 chinMarkenG, Art. 7 chinABMarkenG). Dies sind   i. d. R. spezialisierte Markenanwälte oder –agenten.[113] Nach Abgabe der Anmeldung prüft das Markenamt, ob die Voraussetzungen für die Registrierung vorliegen und entscheidet sich entsprechend für die vorläufige Genehmigung und Veröffentlichung des Antrages oder dessen Ablehnung (Art. 27, 28 chinMarkenG).

Der Rechtsinhaber kann jedoch auch von der Möglichkeit der internationalen Registrierung Gebrauch machen. Dafür muss bei der WIPO in Genf die Volksrepublik als Schutzland benannt werden. Bei der internationalen Eintragung besteht der Vorteil, dass die Anmeldung auf Englisch, Französisch oder Spanisch bei dem nationalen Markenamt des Anmelders, beispielsweise beim Deutschen Patent- und Markenamt, erfolgen kann.[114] Für den Vertrieb in China ist es jedoch sehr empfehlenswert, die Anmeldung auch in der Landessprache vorzunehmen, weil sich der chinesische Kunde den Produktnamen in dieser Form bedeutend leichter einprägt.[115] Da es bei Rechtsverletzungen an internationalen Marken häufig zu Schwierigkeiten bei der Anspruchsdurchsetzung kommt, ist es ratsam, beim CTMO eine chinesische Bestätigung der Eintragung einzuholen.[116]

4.3.3 Patentrecht

4.3.3.1 Historische Entwicklung

Die geschichtliche Entwicklung des Patentrechts ist vergleichbar mit dem Werdegang des Markenrechts. Auch hier wurden die ersten allgemeinverbindlichen Vorschriften in der Republik China erlassen. Unter der damals herrschenden Partei Kuomintang wurde 1944 das erste Patentgesetz verabschiedet, welches bereits fünf Jahre später mit der Gründung der VR China bzw. der damit verbundenen Neustrukturierung des Rechtssystems seine Gültigkeit verlor. Ebenso veranlasste die neue

---

[113] Vgl. Thaler 2009, S. 115.
[114] Vgl. von Welser 2007, S. 210.
[115] Vgl. Zhu 2010, S. 38.
[116] Vgl. Weingarten 2008, S. 399.

Regierung, dass sämtliche Erfindungen an den Staat übertragen werden mussten.[117] Im Unterschied zum Markenrecht wurden im Patentwesen jedoch keine neuen gesetzlichen Regelungen geschaffen, da sich der Gedanke des Patentmonopols nicht mit der damaligen Ideologie des Volkseigentums vereinbaren ließ.[118] So blieb die Volksrepublik über Jahrzehnte der einzige wirtschaftlich bedeutende Staat, der keinen Patentschutz aufweisen konnte.

Dieser Umstand änderte sich erst am 12.03.1984 mit der Verabschiedung des ersten Patentgesetzes der Volksrepublik China. Auslösender Faktor hierfür war die Neu-strukturierung der Wirtschaftspolitik, welche Ende der siebziger Jahre unter Deng Xiaoping auf den Weg gebracht wurde. Ferner galt der Erlass dieser Rechtsnorm für ausländische Investitionen und die Teilnahme Chinas am Welthandel als unabding-bar.[119, 120]

Nach der ersten Gesetzesreform von 1992 traten am 01.07.2001 die zweite Überar-beitung des chinesischen Patentgesetzes (chinPatG)[121] und die entsprechenden Ausführungsbestimmungen (chinABPatG)[122] in Kraft.[123]

4.3.3.2 Schutzgegenstand und Schutzumfang

Im Unterschied zum deutschen Recht beinhalten die Bestimmungen des chinesischen Patentgesetzes neben den Schutzvorschriften für Erfindungen auch entsprechende Regelungen für die Gebrauchs- und Geschmacksmuster. Diese drei Bereiche werden unter dem Begriff der Erfindungsschöpfungen zusammengefasst, deren Schutz und Förderung zu den Hauptaufgaben des Patentgesetzes zählen (Art. 1, 2 chinPatG).

---

[117] Vgl. Erd 2010, S. 34 f.
[118] Vgl. Shoukang 1997, S. 949 f.
[119] Vgl. Erd 2010, S. 35.
[120] Vgl. Zhu 2010, S. 14.
[121] Engl.: Patent Law of the People's Republic of China;
URL: http://www.chinaiprlaw.com/english/laws/laws4.htm; abgerufen am 23.07.2010; deutsche Übersetzung in: GRUR Int. 2001, S. 541 ff.
[122] Engl.: Implementing Regulations of the Patent Law of the People's Republic of China;
URL: http://www.lehmanlaw.com/resource-centre/laws-and-regulations/intellectual-property/rules-for- implementation-of-the-patent-law-of-the-peoples-republic-of-china-2001.html; abgerufen am 23.07.2010; deutsche Übersetzung in: GRUR Int. 2002, S. 243 ff.
[123] Vgl. Blume 2006-B, S. 16 f.

Zum Zweck der besseren Verständlich- und Übersichtlichkeit wird sich im weiteren Verlauf ausschließlich auf die Vorschriften für Erfindungen konzentriert.

Für die Eintragung ist es zwingend erforderlich, dass diese auf einer erfinderischen Leistung beruhen sowie neu und praktisch anwendbar sind. Es ist generell nicht möglich eine Registrierung vorzunehmen von wissenschaftlichen Entdeckungen, Regeln und Verfahren für gedankliche Aktivitäten, Verfahren zur Diagnose und Heilung von Krankheiten, Tierarten und Pflanzensorten sowie Stoffen, die durch Verfahren der Atomkernumwandlung gewonnen werden (Art. 22, 23, 25 chinPatG). Jeder Erfinder oder Entwickler besitzt das Recht zur Anmeldung. Wird der beantragte Anspruch erteilt, so gilt die betreffende Person als Patentinhaber. Dies trifft jedoch nicht für die dienstlichen Erfindungsschöpfungen zu. Darunter sind Neuerungen zu verstehen, die aus der Erfüllung von Dienstpflichten bei einer Organisation oder unter Zuhilfenahme ihrer materiellen technischen Ausstattung hervorgegangen sind. Für diesen Fall wäre nur die betreffende Organisation zur Anmeldung und zum Auftritt als Patentinhaber berechtigt (Art. 6 chinPatG).

Ohne Erlaubnis des Patentinhabers darf das geschützte Gut zu gewerblichen Zwecken weder hergestellt, verkauft noch importiert werden. Darüber hinaus sind bei geschützten Erfindungen auch der gewerbliche Gebrauch, die Verwertung aus diesem und das Verkaufsangebot untersagt. Soll eine Übertragung des Rechts zur Patentanmeldung und -schutzes erfolgen, ist diese schriftlich zu fixieren, wobei ein chinesischer Rechtsinhaber seinen Anspruch an einen Ausländer nur mit Genehmigung der hierfür zuständigen Behörde transferieren kann (Art. 10, 11 chinPatG).

Möchte eine Organisation oder eine Einzelperson Patente des Rechtsinhabers verwerten, so muss sie mit diesem einen schriftlichen Lizenzvertrag abschließen. Ist der Ermächtigte nicht gewillt, eine entsprechende Vereinbarung einzugehen, besteht die Möglichkeit auf Erwirkung einer Zwangslizenz. Danach kann beispielsweise der Berechtigte die Verwertung des Patents durchsetzen, sollte der Inhaber sein Recht drei Jahre nach Erteilung oder vier Jahre nach Anmeldung nicht ausüben. Desweiteren können bestimmten Organisationen Verwertungsrechte an Erfindungspatenten eingeräumt werden, wenn diese einen erheblichen technischen Fortschritt darstellen und dadurch herausragende Bedeutung für das staatliche oder öffentliche Interesse besitzen. Die Schutzdauer für Erfindungen beträgt 20 Jahre. Ihre Laufzeit beginnt am Tag der Anmeldung (Art. 12, 14, 42, 48 chinPatG).

4.3.3.3 Anmeldeverfahren

Die landesweit zuständige Behörde für die Anmeldung, Prüfung und Erteilung von Patenten ist das SIPO (Art. 3 Abs. 1 chinPatG). Für die Anmeldung ist es erforderlich, dass neben der Antragschrift eine genaue Benennung des zu schützenden Gutes und Angaben zum Erfinder beigefügt werden. Ein weiterer zwingender Bestandteil ist eine kurze und eindeutige Beschreibung der Sache. Auf Grundlage dieser Offenlegung muss ein Fachmann des betreffenden Bereichs in der Lage sein, die Technik auszuführen. Für die Festlegung des Anmeldetages ist der Eingang der Patentanmeldeunterlagen beim SIPO maßgeblich, während beim Versand das Datum des Poststempels gilt (Art. 26, 28 chinPatG).

Ausländische Personen und Unternehmen, die keinen ständigen Wohn- oder Firmensitz in der Volksrepublik besitzen, sind dazu verpflichtet, die Anmeldung und sonstige Patentangelegenheiten von einer zuständigen Vertretungsagentur erledigen zu lassen (Art. 19 Abs. 1 chinPatG). Dabei empfiehlt es sich für jeden bezogenen Hersteller, den Patentschutz in China so schnell wie möglich zu beantragen, auch wenn er in absehbarer Zeit keine Ambitionen hegt, auf dem chinesischen Markt tätig zu werden. In der Volksrepublik kann jede Person ein Patent anmelden, ganz gleich, ob sie die zu schützende Technik entwickelt hat oder nicht. Einzig und allein maßgebend ist die Erfüllung der Voraussetzungen nach Art. 22 chinPatG. Dies musste u. a. auch der französische Schneider-Electric-Konzern erfahren, nachdem sich chinesische Produktpiraten die Rechte an den Erfindungen des Unternehmens gesichert hatten. So wurde der Hersteller im Frühjahr 2008 aufgrund von Patentrechtsverletzungen an seinen eigenen Produkten von einem chinesischen Gericht zu einer Strafe von 31 Millionen Euro verurteilt.[124]

Wird die Anmeldung im Ausland vorgenommen, ist jedoch zu beachten, dass im Streitfall auf Grundlage der chinesischen Patent- und Gebrauchsmusterschrift entschieden wird.[125] Nach dem Eingang der Anmeldung wird durch das SIPO eine Vorprüfung durchgeführt, wobei besonderes Augenmerk auf formelle Fehler und Gesetzesverletzungen gelegt wird. Entspricht der Antrag den Erfordernissen der einschlägigen Rechtsvorschrift, wird er 18 Monate nach dem Anmeldetag veröffentlicht. Wird er dagegen zurückgewiesen, besitzt der Antragsteller das Recht, innerhalb von drei Monaten nach Mitteilung eine Überprüfung dieser Entscheidung zu veranlassen. Ist der Anmelder mit dem betreffenden Ergebnis des Ausschusses nicht einverstanden, kann er binnen drei Monaten nach Erhalt der Mitteilung vor dem Volksgericht Klage erheben. Ergibt sich jedoch im Zuge der Sachprüfung kein Grund zur Versagung der Eintragung, erteilt das SIPO das Patentrecht. Gleichzeitig wird eine entsprechende Urkunde ausgestellt sowie die Eintragung und Veröffentlichung vorgenommen. Die Wirksamkeit des Patentschutzes vollzieht sich am Tag der Bekanntmachung (Art. 34, 39, 41 chinPatG).

4.3.4 Urheberrechtsgesetz

4.3.4.1 Historische Entwicklung

Die ersten gesetzlichen Regelungen zum Urheberrecht wurden bereits 1910, im vorletzten Jahr des chinesischen Kaiserreichs, erlassen. Fünf Jahre später übernahm die noch junge Republik mit geringfügigen Änderungen das Gesetzeswerk, während 1928 unter der Partei Kuomintang ein überarbeitetes, sehr detailliertes Urheberrechtsgesetz verabschiedet wurde. Die Volksrepublik annullierte diese umfangreichen Bestimmungen vollständig und schuf stattdessen 1950 Vorschriften gegen

---

[124] Vgl. Moravec 2008.
[125] Vgl. Zhu 2010, S. 17.

Nachdrucke. Diese Gesetzgebung besaß jedoch nur einen niedrigen Rang und deckte das Spektrum des Urheberrechts nur unzulänglich ab.[126]

Im Rahmen der neugeordneten chinesischen Wirtschaftspolitik traten am 01.06.1991 das erste Urheberrechtsgesetz der Volksrepublik China (chinUrhG)[127] und seine Ausführungsbestimmungen (chinABUrhG)[128] in Kraft. Die Vorschrift ließ die Ansprüche ausländischer Urheber jedoch außer Acht, so dass deren Rechte ständig verletzt wurden. Mit Chinas Beitritt zur Berner Übereinkunft und zum Welturheberrechtsabkommen wurde diese Unzulänglichkeit am 01.07.1992 revidiert.[129, 130] Eine Umsetzung in nationales Recht erfolgte jedoch erst neun Jahre später am 27.10.2001 mit dem Erlass des ersten Änderungsgesetzes. In diesem sind Formulierungen zu den internationalen Abkommen und deren Bedeutung für die Urheberrechte von Ausländern enthalten. Die einzelnen Regelungen wurden klar ausgeführt und logisch strukturiert. Mit jener Novellierung erfüllte China eine bedeutende Voraussetzung für den angestrebten Beitritt zur WTO.[131, 132]

4.3.4.2 Schutzgegenstand und Schutzumfang

Die Zielsetzung dieses Gesetzes setzt sich zusammen aus der Gewährleistung des Rechtsschutzes für die Urheber und der Unterstützung positiver Entwicklungen für das gesamte Kultur- und Wirtschaftswesen der sozialistischen Republik. Für die Formulierungen der einschlägigen Bestimmungen ist als leitende Verwaltungsbehörde das Staatliche Amt für Urheberrecht mit seinen Unterbehörden zuständig (Art. 1, 7 chinUrhG).

---

[126] Vgl. Münzel 2001, siehe unter Anmerkungen.
[127] Engl.: Copyright Law of the People's Republic of China; deutsche Übersetzung unter URL: http://lehrstuhl.jura.uni-goettingen.de/chinarecht/011027.htm; abgerufen am 25.07.2010.
[128] Engl.: Implementing of the Copyright Law of the People's Republic of China; URL: http://www.chinaiprlaw.com/english/laws/laws13.htm; abgerufen am 25.07.2010; deutsche Übersetzung in GRUR Int. 2003, S. 275 ff.
[129] Vgl. Wang 1997, S. 445.
[130] Vgl. Münzel 2001, siehe unter Anmerkungen.
[131] Vgl. Schäfer 2002, S. 19 f.
[132] Vgl. Blume 2006-B, S. 15.

Um sich in China ein Werk urheberrechtlich sichern zu lassen, muss dieses einer der in Art. 3 chinUrhG genannten Schutzformen entsprechen. Hierunter fallen z. B. schriftlich und mündlich vorgetragene Leistungen sowie Werke aus den Bereichen Musik, Theater und Architektur. Die Definition des Werkes bezieht sich nach der Rechtsvorschrift somit auf die Formgebung und nicht auf den Inhalt des betreffenden Schutzobjektes.[133] Gemäß Art. 2 chinABUrhG wird für das Werk eine gewisse Schöpfungshöhe vorausgesetzt, indem es neben der Originalität auch die Fähigkeit zur körperlichen Reproduktion der geistigen Ergebnisse auf dem Gebiet der Literatur, Kunst und Wissenschaft aufweisen muss.

Im Gegensatz zum Marken- und Patentgesetz ist im Urheberrecht kein Anmeldeverfahren zur Erlangung des Schutzanspruches notwendig. Gemäß Art. 6 chinABUrhG entsteht das Urheberrecht automatisch mit der Fertigstellung eines geistigen Werkes. Dennoch ist es möglich und ratsam, bei einer lokalen Dienststelle der NCAC (National Copyright Administration of China) eine Registrierung der Schöpfung zu veranlassen. Die NCAC stellt daraufhin dem Urheber eine Urkunde aus, die in Rechtsstreitigkeiten zu Beweiszwecken herangezogen werden kann und dadurch die Durchsetzungskraft der Ansprüche des Inhabers erheblich steigert.[134] Rechtsinhaber kann dabei einerseits die natürliche Person des Urhebers, andererseits jedoch auch eine juristische Person oder andere Organisation sein (Art. 9 chinUrhG). Jener Aspekt stellt einen grundlegenden Unterschied zum deutschen Urheberrecht dar, demgemäß der Schöpfer immer originärer Rechtsinhaber bleibt und lediglich die Übertragung seiner Nutzungsrechte vollziehen kann (§ 29 deutUrhG). Nach der chinesischen Gesetzesfassung wird hingegen eine juristische Person oder andere Organisation als Urheber angesehen, sobald ein Werk unter deren Leitung, Verantwortung und in Vertretung ihres Willens geschaffen wird (Art. 11 Abs. 3 chinUrhG). Ferner wird klarstellend ausgeführt, unter welchen Bedingungen die Sicherung für Ausländer und Staatenlose Gültigkeit besitzt. Danach befinden sich Schöpfungen dieser Personen unter dem Schutz des Urheberrechtes, wenn deren Heimat- oder ständiges Aufenthaltsland eine bi- oder multilaterale Übereinkunft mit der Volksre-

---

[133] Vgl. Ruhe 2007, S. 316.
[134] Vgl. Fuchs 2006, S. 176.

publik getroffen hat. Ist die Voraussetzung nicht gegeben, kommt für sie der Schutz ihrer Werke erst durch deren Veröffentlichung in China zustande (Art. 2 Abs. 2, 3 chinUrhG).

Der Inhalt des Urheberrechts stützt sich auf die Bestimmungen aus Art. 10 der Gesetzesvorschrift. Sie umfassen Persönlichkeits- und Vermögensrechte, wobei erstere in Abs. 1 Nr. 1 – 4 benannt sind. Der Urheber bezieht aus ihnen die ausschließliche Befugnis zur Veröffentlichung, Namensnennung und Änderung seines Werkes sowie den Rechtsanspruch auf den Schutz von dessen Integrität. Diese Ansprüche sind nicht auf andere Rechtssubjekte übertragbar. Im Gegensatz dazu kann die Abgabe von Vermögensrechten durch den Urheber entweder vollständig oder teilweise erfolgen. Sie werden in Abs. 1 unter Nr. 5 – 17 geschildert und beinhalten u. a. das Recht auf Vervielfältigung, Verbreitung und Aufführung (Art. 10 Abs. 2, 3 chinUrhG).

Eine Unterteilung in Persönlichkeits- und Vermögensrechte wird ebenso bei der Bemessung der Schutzdauer vorgenommen. Danach gilt für die einzelnen Ansprüche aus dem Urheberpersönlichkeitsrecht ein zeitlich unbegrenzter Schutz, währenddessen die vermögensrechtliche Sicherung bei natürlichen Personen 50 Jahre nach dem Tod erlischt. Für juristische Personen und andere Organisationen ist bei gleicher Zeitspanne die erste Veröffentlichung maßgebend (Art. 20, 21 Abs. 1, 2 chinUrhG).

Einschränkungen bei der Geltendmachung urheberrechtlicher Ansprüche regelt Art. 22 chinUrhG, wonach die Nutzung unter den angeführten Umständen weder einer Erlaubnis des Rechtsinhabers noch einer Vergütungszahlung an ihn bedarf. Die Regelung umfasst u. a. die Nutzung zum privaten Studium und die Vervielfältigung eines bereits veröffentlichten Werkes für den Schulunterricht. Bedingung für jene freie Verwendung ist die Angabe von Name und Vorname des Urhebers sowie der Bezeichnung des Werkes. Desweiteren dürfen auch die sonstigen in diesem Gesetz benannten Rechte des Anspruchsinhabers nicht verletzt werden. Ergänzt wird die Vorschrift durch Art. 21 chinABUrhG, basierend auf Art. 9 Abs. 2 der Berner

Übereinkunft. Danach müssen die Schrankenregelungen die Interessen der Urheber berücksichtigen und dürfen die normale Nutzung der Werke nicht beeinträchtigen.

4.3.4.3 Urhebervertragsrecht

Die von Dritten angestrebte Befriedigung aus Vermögensrechten des Urhebers kann über deren vollständige oder teilweise Abtretung oder mittels Nutzungserlaubnis durch den Anspruchsinhaber erfolgen. Die Inhaltspunkte der dazu notwendigen Verträge sind detailliert vorgeschrieben und bestimmen sich aus den Art. 24 Abs. 2 und 25 Abs. 2 chinUrhG. Im Gegensatz zum deutschen Recht erfordert die vertragliche Übertragung im chinesischen Urhebergesetz die Schriftform. Dabei ist in den Verträgen zur Nutzung sowie der Übertragung eine exakte Beschreibung der betreffenden Rechte erforderlich (Art. 24 Abs. 1, 25 Abs. 1, Art. 26 chinUrhG). Die klare Abgrenzung des Anwendungsumfangs entspricht insofern der „Zweckübertragungsregel" des deutschen Urheberrechts (§ 31 Abs. 5 deutUrhG). Diese dient dem Schutz des Urhebers vor einer pauschalen Vergabe seiner gesamten Vermögensansprüche bzw. dem sogenannten „Buy-out".[135]

Das chinesische Urheberrechtsgesetz enthält im vierten Kapitel spezielle Regelungen für Verleger, Aufführende, Hersteller von Ton- und Bildaufzeichnungen sowie Rundfunk- und Fernsehstationen. Diese Vorschriften sorgen für einen Interessenausgleich zwischen den Ansprüchen des Urhebers und denen der Gemeinschaft. Die Eigenheit besteht darin, dass die jeweiligen Institutionen, wie z. B. Rundfunk und Theater, die Werke des Urhebers auch ohne dessen Erlaubnis nutzen dürfen, ihm gegenüber jedoch zur Zahlung einer Vergütung verpflichtet sind.

4.3.5 Gesetz gegen den unlauteren Wettbewerb

Die Immaterialgüterrechte an einer eingetragenen Marke, einem Patent oder dem Werk eines Urhebers werden nach den einschlägigen Regelungen der bereits erörterten Spezialgesetze geschützt. Verfügt ein Unternehmen jedoch nicht über den Schutz

---

[135] Vgl. Dietz 2004, S. 527.

eingetragener Rechte, bieten die Bestimmungen des Gesetzes gegen den unlauteren Wettbewerb, des Markengesetzes zu bekannten Marken und des Produktqualitätsgesetzes Möglichkeiten zur Sicherung gegen die Nachahmung der eigenen Erzeugnisse. Im Verlauf dieses Kapitels wird sich auf die Darlegung eines zusammenfassenden Überblicks des Gesetzes gegen den unlauteren Wettbewerb beschränkt. Es stellt den Hauptbestandteil dar, um die Rechtslücken der Sondergesetze zu schließen, steht jedoch in seiner Bedeutung weit hinter den drei Hauptsäulen des Immaterialgüterrechts zurück. Im Hinblick auf die Sicherungsbestimmungen bei bekannten Marken wird auf die Ausführungen unter Punkt 4.3.2.2 verwiesen. Der Schutzumfang des Produktqualitätsgesetzes bezieht sich hingegen auf die Vollständigkeit von Angaben zu den einzelnen Gütern. So müssen auf nahezu allen Produktverpackungen u. a. Informationen über Hersteller, Menge und Inhalt angebracht sein. Im Falle der Nichtbeachtung kann beispielsweise der Vertrieb des Erzeugnisses untersagt werden.[136]

Das Gesetz gegen den unlauteren Wettbewerb (chinUWG)[137] trat am 01.12.1993 in Kraft und soll in erster Linie einen gerechten Wettbewerb sicherstellen, um die legalen Rechtsinteressen der Unternehmer und Verbraucher zu schützen. Ebenso ist durch die Festlegungen dieser Vorschrift eine positive Entwicklung der sozialistischen Marktwirtschaft beabsichtigt (Art. 1 chinUWG).

Die Rechtsnorm verpflichtet die Unternehmer dazu, die Grundsätze der Freiwilligkeit, Gleichheit, Gerechtigkeit sowie von Treu und Glauben innerhalb des Wettbewerbs zu achten (Art 2 Abs. 1 chinUWG). Entsprechend ist es ihnen u. a. untersagt, eigenmächtig eine Bezeichnung, Verpackung und Aufmachung für ihr Produkt zu verwenden, welche zur Verwechslung mit der bekannten Ware eines anderen und somit zur Täuschung der Verbraucher führt. Ferner verbietet das Gesetz die Verdrängung von Konkurrenten mittels Dumpingpreisen, die Anwendung irreführender

---

[136] Vgl. von Welser 2007, S. 216 ff.
[137] Engl.: Law Against Unfair Competition of the People's Republic of China; URL: http://www.ccpit-patent.com.cn/references/Law_Against_Unfair_Competition_China.htm#ChapterI; abgerufen am 27.07.2010; deutsche Übersetzung in GRUR Int. 1994, S. 1001 ff.

Werbung und die Verletzung von Geschäftsgeheimnissen (Art. 5 Nr. 2, Art. 9 Abs. 1, Art. 10, Art. 11 Abs. 1 chinUWG). Maßnahmen zur Bekämpfung von Zuwiderhandlungen werden von den zuständigen Volksregierungen vorgenommen. Dementgegen sind deren Industrie- und Handelsverwaltungsabteilungen für die Prüfung und Überwachung der Wettbewerbshandlungen verantwortlich. Hierbei sind sie u. a. dazu befugt, Befragungen von überprüften Unternehmern und Zeugen vorzunehmen sowie die Herausgabe von Beweismaterial zu verlangen (Art. 3, Art. 17 Nr. 1 chinUWG).

4.4 Maßnahmen zur Durchsetzung geistiger Eigentumsrechte

Nach der Abhandlung der einzelnen Schutzrechtsbestimmungen wird sich dieses Kapitel mit der Untersuchung ihrer Durchsetzungsmöglichkeiten befassen, deren Mindeststandards im dritten Teil des TRIPS-Abkommens vorgegeben sind. Beide Bereiche bedingen einander und entfachen erst durch ihr Zusammenspiel die notwendige Wirkungskraft. Dabei bietet die chinesische Justiz bei der Durchsetzung der Immaterialgüterrechte eine Besonderheit, welche darin besteht, dass gegen die Schutzrechtsverletzer sowohl ein Verwaltungs- als auch ein Gerichtsverfahren durchgeführt werden kann.[138] Diese beiden grundsätzlichen Möglichkeiten dienen als System der dualen Rechtsdurchsetzung der Untersuchung und Sanktionierung von Verstößen gegen die einschlägigen Gesetze. Die entsprechenden Verfahren sind in quantitativer Hinsicht vielfältig ausgestaltet, wobei der Fokus auf den Patent- und Markenschutz ausgerichtet ist.[139]

Eine elementare Voraussetzung für das Tätigwerden der Verfolgungsbehörden ist die Vorlage von ausreichend vorhandenen Beweismitteln. Hierfür bieten sich beispielsweise Exemplare gefälschter Produkte an, die über einen beurkundeten Testkauf erworben werden. Dazu ist es notwendig, dass der Rechtsinhaber einen Notar beauftragt, welcher unter Zuhilfenahme von mehreren Zeugen den Erwerb vornimmt und entsprechend dokumentiert. Sind die Waren jedoch für den Export bestimmt, ist

---

[138] Vgl. Moga 2002, S. 15.
[139] Vgl. Burkart 2008, S. 113 f.

die Beschaffung der betreffenden Artikel auf dem jeweiligen Auslandsmarkt vorzunehmen. Die hierfür relevanten Unterlagen, welche als Nachweis der Rechtsverletzung dienen sollen, sind zur gerichtlichen Verwertbarkeit in notarisierter und legalisierter Form vorzulegen.[140] Für ausländische Unternehmen ist es mitunter sehr schwierig, aus der Ferne ausreichende Indizien für die Verletzungshandlung zu erbringen. Eine Lösungsmöglichkeit stellt hierbei die Beauftragung eines chinesischen Anwalts dar, welcher i. d. R. einen Detektiv zur Beschaffung der erforderlichen Beweismittel engagiert.[141]

Neben dem Gerichts- und Verwaltungsverfahren stehen dem Rechtsinhaber noch eine Reihe anderer Möglichkeiten zur Bekämpfung der Produkt- und Markenpiraterie zur Verfügung. So ist die Durchsetzung der Immaterialgüterrechte u. a. ebenso durch Maßnahmen der Zollbehörden oder über außergerichtliche Verhandlungen realisierbar. Aus der Vielfalt der Rechtsinstrumente ist die Wahl des geeignetsten Mittels mit Bedacht und Sorgfalt durchzuführen, damit ein Maximum an Wirtschaftlichkeit und Effektivität gegeben ist. Die bedeutendsten Behörden für die Durchsetzung der Schutzrechte werden in nachfolgender Übersicht dargestellt.

---

[140] Vgl. Sasdi 2008, S. 4.
[141] Vgl. von Welser 2007, S. 220.

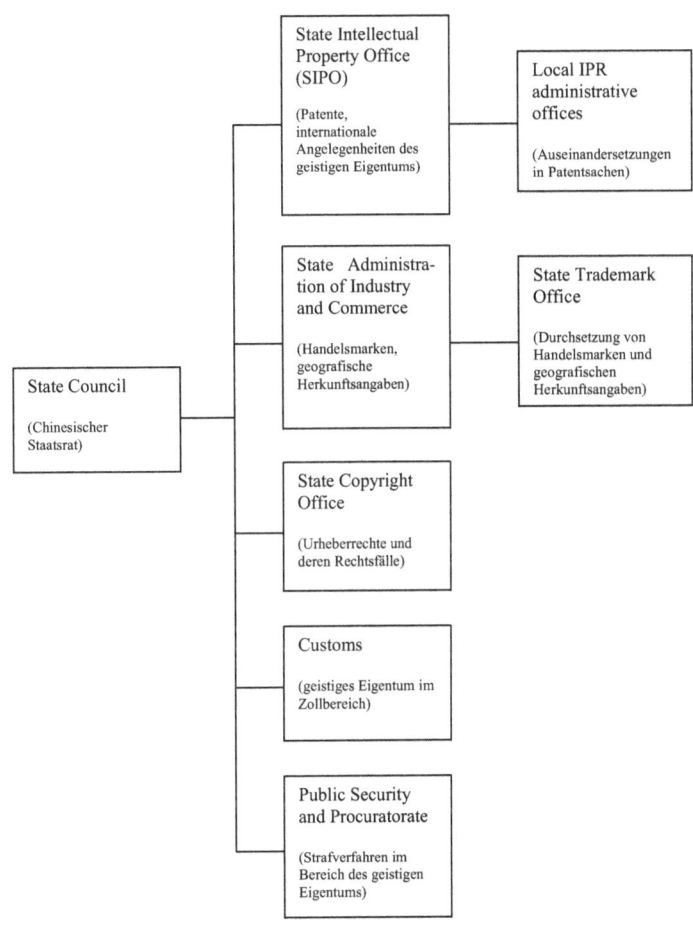

Abb. 6: Behörden zur Durchsetzung geistiger Eigentumsrechte in der VR China;
Quelle: Eigene Darstellung.[142]

---

[142] Zusammengestellt aus den Daten von: WTO 2006, S. 146; Blume 2006-B, S. 23 f.

Die Studie konzentriert sich im weiteren Verlauf auf die Vorstellung der wichtigsten juristischen Vorgehensweisen und die Bewertung ihrer Praxistauglichkeit. Im Einzelnen handelt es sich dabei um das Verwaltungs-, Grenzbeschlagnahme-, Zivilgerichts- und Strafverfahren. Auf die separate Behandlung der Schutzrechte wird verzichtet, da die Abläufe untereinander vergleichbar sind. Zur Veranschaulichung wird sich ggf. auf das Markenrecht bezogen. Diesem Bereich fällt der überwiegende Teil an Gesetzesverstößen zu, wodurch er besondere Bedeutung besitzt. Bei der Bezeichnung der Vorschriften zur gerichtlichen Durchsetzung wird sich aus Gründen des besseren Verständnisses auf äquivalente deutsche Gesetze gestützt. Einzige Ausnahme bildet hierbei das Law of Civil Procedure of the People's Republic of China. Für diese Bestimmung hat sich die einschlägige Fachliteratur auf die Übersetzung „Zivilprozessgesetz" festgelegt.

4.4.1 Verwaltungsverfahren

Die Verwaltungsbehörden in China besitzen bei der Durchsetzung geistiger Eigentumsrechte eine herausragende Stellung. Im Vergleich der einschlägigen Verfahren verzeichnen die administrativen Methoden unter der Voraussetzung der entsprechenden Schutzrechtseintragung die höchsten Erfolgsaussichten. So wurden beispielsweise im Jahr 2008 schätzungsweise 90 % sämtlicher Markenrechtsstreitigkeiten von Verwaltungsbehörden behandelt.[143, 144]

4.4.1.1 Zuständigkeiten, Verfahrensvoraussetzungen und Verfahrensablauf

Die zuständigen administrativen Instanzen sind hierarchisch gegliedert und befinden sich auf der Lokal-, Kreis-, Provinz- und Staatsebene. Regional verantwortlich für die Verfolgung einer Verletzungshandlung ist diejenige Behörde, in deren Zuständigkeitsbereich der Verstoß erfolgte bzw. vermutet wird. Ist die örtliche Zuordnung nicht ermittelbar oder wurden die Delikte an mehreren Orten begangen, fällt die maßgebliche Befugnis der zentralen Verwaltungsbehörde in Beijing zu. Diese Ebene

---

[143] Vgl. Erd 2010, S. 86.
[144] Vgl. Weingarten 2008, S. 400.

wird z. B. auf dem Gebiet des Markenrechts von der SAIC (State Administration of Industry and Commerce) vertreten.[145, 146]

Im Gegensatz zu den Anforderungen der chinesischen Gerichte ist die Einleitung eines Verwaltungsverfahrens nicht zwingend an die vollständige Aufklärung des Sachverhalts und die strengen Regeln über die Zulässigkeit von Beweismitteln geknüpft. Dennoch müssen bestimmte Mindestvoraussetzungen für das Tätigwerden der Behörden erfüllt sein. Eine elementare Bedingung ist der glaubhafte Nachweis einer vorliegenden Verletzungshandlung, der vom Berechtigten erbracht werden muss.[147, 148] Die Delikte werden in den Schutzrechtsvorschriften separat aufgeführt. Auf dem Gebiet des Markenrechts betrifft dies u. a. Handlungen, die ohne Erlaubnis des Rechtsinhabers die Nutzung von Produkten beabsichtigen, welche mit geschützten oder ähnlichen Kennzeichen versehen sind (§ 52 Nr. 1 chinMarkenG).

Desweiteren ist das Vorhandensein des eigenen Schutzrechtes vom Anspruchsinhaber zu belegen. Es empfiehlt sich, die betreffenden Unterlagen zum Nachweis der Eintragung vor dem Herantreten an die Verwaltungsbehörde zu beschaffen und dieser mit dem Antrag vorzulegen, um eine schnellstmögliche Aufnahme der Ermittlungshandlungen zu bewirken. Ferner ist es zielführend, die vorhandenen Beweismittel und Informationen zur Rechtsverletzung beizubringen sowie ggf. Anwaltsvollmachten vorzulegen. Im Besonderen sind für die Behörden Angaben zu Herstellungs- und Lagerorten der Produktpiraten von Interesse. Mittels dieser Kenntnisse ist es möglich, die Anordnung zur sofortigen Einstellung der rechtswidrigen Taten auf die Beschlagnahme und Vernichtung der betreffenden Waren und Produktionsanlagen zu erweitern. Die Verwaltungsinstanz ist ebenfalls dazu befugt, die Unterlassung weiterer Verletzungshandlungen anzuordnen, die Geschäftslizenz zu entziehen und Geldstrafen von maximal 300 % des Streitwertes zu verhängen.[149] Gemäß § 53 chinMarkenG ist eine bezogene Partei dazu ermächtigt, innerhalb von

---

[145]   Vgl. Fuchs 2006, S. 203.
[146]   Vgl. Blume 2006-B, S. 22 f.
[147]   Vgl. von Welser 2007, S. 225 f.
[148]   Vgl. Fuchs 2006, S. 202.
[149]   Vgl. von Welser 2007, S. 226.

15 Tagen nach Erhalt der Mitteilung Klage vor den Volksgerichten zu erheben, sollte sie mit der Entscheidung der Verwaltungsbehörde nicht einverstanden sein. Wird weder von dieser Möglichkeit Gebrauch gemacht noch dem Beschluss Folge geleistet, kann die Behörde beim Volksgericht die zwangsweise Vollstreckung beantragen.

4.4.1.2 Bewertung des Verfahrens

Die administrativen Verfahren zur Durchsetzung der Schutzrechte werden vom überwiegenden Teil der Anspruchsinhaber gegenüber den gerichtlichen Verfahren bevorzugt. Dieser Fakt beruht auf statistischen Erhebungen, muss jedoch insofern relativiert werden, da sich für die meisten Berechtigten der Gang zu den Verwaltungsbehörden als alternativlos erweist. Die formellen Voraussetzungen zur Aufnahme eines Gerichtsverfahrens können häufig von den Rechtsinhabern nicht erfüllt werden. Es bedarf hierfür bereits ausermittelter Sachverhalte, die häufig ohne staatliche Hilfe nicht erbracht werden können. Die Einschaltung der Verwaltungsbehörden kann somit auch als Umweg angesehen werden, um sich eine lückenlose Beweiskette zur Einleitung eines Gerichtsverfahrens zu verschaffen. Die Hürden zur Einleitung des Verfahrens liegen hier bedeutend niedriger. Für die Veranlassung des Tätigwerdens ist es ausreichend, das Vorliegen der Verletzungshandlung gegenüber den Behörden plausibel darzustellen.[150]

Die administrativen Sanktionen, z. B. eine Razzia oder Durchsuchung können schnell getroffen werden. So ist es mitunter möglich, innerhalb weniger Stunden nach Antragstellung Geschäftsunterlagen, gefälschte Waren und Fertigungsanlagen der Produktpiraten zu beschlagnahmen, die dem Berechtigten als stichhaltige Beweismittel dienen. Ein weiterer bedeutender Vorteil sind die vergleichsweise geringen Kosten.[151] Unter Berücksichtigung dieser Gesichtspunkte stellt sich das Verwaltungsverfahren für den Antragsteller als schnell, flexibel und erfolgverspre-

---

[150] Vgl. Fuchs 2006, S. 202 f.
[151] Vgl. APM 2007, S. 22.

chend dar. Es kann im Gegensatz zum Gerichtsweg innerhalb von wenigen Wochen abgeschlossen werden.[152]

Unter Betrachtung der positiven Aspekte dürfen jedoch die Grenzen des Verfahrens nicht außer Acht gelassen werden. Dabei gestaltet sich nicht selten bereits die Zuständigkeitsverteilung als problematisch. Ursächlich hierfür erweisen sich die materiell und verfahrensrechtlich überlappenden Aufgabenfelder, welche ein teilweise unüberschaubares Geflecht bilden. Daraus resultieren bereits im Vorfeld große Schwierigkeiten für eine effektive Durchsetzung von Schutzrechten.[153] Dieser Umstand und der weitverbreitete Lokalprotektionismus münden oftmals in der Nichtbearbeitung des Falls. Der Antragsteller ist jenem Vorgehen schutzlos ausgeliefert, da es in China das Rechtsmittel der Untätigkeitsklage nicht gibt. Als einzige Möglichkeit bliebe die gerichtliche Durchsetzung, welche jedoch wiederum an die hohen Einleitungsbarrieren gebunden ist.[154]

Als ein weiterer großer Nachteil gilt das geringe Strafmaß für den Rechtsverletzer. Das verhängte Bußgeld beträgt maximal das Dreifache des Streitwertes, welcher aus den Beweismitteln hervorgeht.[155] Die beschlagnahmten Waren und Werkzeuge stellen aufgrund von Auftragsfertigung und der Verteilung auf mehrere Produktionsstätten zumeist nur einen vergleichsweise niedrigen Wert dar.[156] Außerdem kann der Fälscher im Gegensatz zum zivilgerichtlichen Verfahren nicht auf Schadenersatz in Anspruch genommen werden.[157] Dadurch hält sich der wirtschaftliche Verlust für ihn i. d. R. in Grenzen, woraus letztendlich eine schwache Abschreckungswirkung resultiert. Insofern werden die hohen Erfolgsquoten der Verwaltungsverfahren erheblich in ihrer Funktionalität relativiert.

Eine empfindliche Strafe verbunden mit einer Entschädigungszahlung kann der Rechtsinhaber somit nur mittels eines Gerichtsverfahrens durchsetzen.

---

[152] Vgl. Bottenschein 2005, S. 121, Fn. 26.
[153] Vgl. Blume 2006-B, S. 22.
[154] Vgl. Erd 2010, S 93.
[155] Vgl. von Welser 2007, S. 226.
[156] Vgl. APM 2007, S. 22.
[157] Vgl. Weingarten 2008, S. 400.

4.4.2 Zivilrechtliches Verfahren

Die zivilgerichtlichen Verfahren befassen sich mit der Durchsetzung privatrechtlicher Ansprüche. Durch sie besitzt der Rechtsinhaber die Möglichkeit, Entschädigungen und Unterlassungen einzuklagen.[158]

4.4.2.1 Zuständigkeiten, Verfahrensvoraussetzungen und Verfahrensablauf

Für die Durchführung dieses Verfahrens sind die Volksgerichte zuständig, welche sich hierarchisch auf vier Ebenen verteilen: die örtliche (Basic People's Court), mittlere (Intermediate People's Court), hohe (Higher People's Court) und oberste (Supreme People's Court). Die sachliche Zuständigkeit für Fälle des Immaterialgüterrechts entfällt in erster Instanz auf die ca. 400 mittleren Volksgerichte.[159] Im Sinne einer effektiveren Zivilgerichtsbarkeit wurden in regierungsunmittelbaren Städten wie Beijing, Shanghai oder Guangdong spezielle IP-Kammern auf der Ebene der Oberen Volksgerichte eingerichtet.[160] Durch sie soll auf dem Gebiet des Immaterialgüterrechts eine einheitliche Rechtsanwendung garantiert und dem Einfluss regionaler Interessen vorgebeugt werden.[161] Die örtliche Zuständigkeit in erster Instanz richtet sich dabei an die mittleren Volksgerichte, deren Verantwortungsbereich die Orte einschließt, welche von den Verletzungshandlungen betroffen sind. Hierunter fallen nicht nur die Herstellungs-, sondern auch die Verkaufsorte.[162]

In China besteht das sogenannte System der doppelspurigen Rechtsdurchsetzung. Danach können die Volksgerichte entweder unmittelbar nach dem Auftreten einer Schutzrechtsverletzung mittels Klage oder durch Einlegen eines Rechtsmittels nach Abschluss des Verwaltungsverfahrens angerufen werden.[163, 164]

---

[158] Vgl. Ring 2008, S. 48 f.
[159] Vgl. Thaler 2010, S. 163.
[160] Vgl. Blume 2006-B, S. 31.
[161] Vgl. Bottenschein 2005, S. 122, Fn. 14.
[162] Vgl. Sasdi 2008, S. 6.
[163] Vgl. APM 2007, S. 37.
[164] Vgl. Fuchs 2006, S. 199.

Vor dem Beginn des ordentlichen Zivilverfahrens kann der Rechtsinhaber von den Möglichkeiten der Abmahnung und einstweiligen Verfügung Gebrauch machen. Im Zuge der Abmahnung fordert der Berechtigte den potentiellen Verletzer zur Unterlassung und zur Leistung von Schadenersatz auf. Es ist jedoch wahrscheinlich, dass vor allem professionelle Produktpiraten diese Drohgebärde eher zum Anlass nehmen ihre Geschäftstätigkeit an einen anderen Ort zu verlagern als dem Verlangen Folge zu leisten. Aus diesem Grund wird die Bedeutung der Abmahnung als eher gering eingeschätzt.[165] Dagegen stellt die einstweilige Verfügung eine Anordnung des Gerichts vor Prozessbeginn dar, welche der Unterlassung oder Beweismittelsicherung dient. Der Geschädigte kann diese Maßnahme veranlassen, wenn die unmittelbare Gefahr von weiteren Schutzrechtsverletzungen oder des Untergangs von Beweismitteln besteht. Für das Verfahren ist vom Antragsteller Sicherheit zu leisten, deren Höhe sich nach dem Schaden bemisst, der dem angeblichen Rechtsverletzer durch eine ungerechtfertigte Verfügung entstehen könnte. In dieser Kalkulation sind beispielsweise Umsatzverlust, Lagerkosten oder Löhne enthalten. Innerhalb von 48 Stunden nach Eingang des Antrages muss das zuständige Volksgericht eine Verfügung treffen und spätestens nach weiteren 15 Tagen das Hauptsacheverfahren eröffnen.[166]

Zur Einleitung eines ordentlichen Verfahrens ist beim zuständigen Volksgericht eine Klageschrift mit den inhaltlichen Bestimmungen nach Art. 110 des chinesischen Zivilprozessgesetzes (chinZPG)[167] einzureichen. Darunter zählen u. a. Name und Wohnsitz der Parteien bzw. Bezeichnung und Sitz juristischer Personen sowie das Klageverlangen und die ihm zugrunde liegenden Tatsachen. Die Justizbehörde muss innerhalb von sieben Tagen entscheiden, ob sie dem Antrag stattgibt. Die Zustimmung erfordert vor allem ein Mindestmaß an Beweisen.[168] So ist z. B. der Verletzungstatbestand, das Ausmaß der Schädigung und die Identität des Produktpiraten eindeutig zu belegen. Gemäß Art. 242 chinZPG können aus dem Ausland stammende

---

[165] Vgl. von Welser 2007, S. 221.
[166] Vgl. APM 2007, S. 39.
[167] Engl. Law of Civil Procedure of the People's Republic of China; deutsche Übersetzung unter URL: http://lehrstuhl.jura.uni-goettingen.de/chinarecht/910409.htm; abgerufen am 10.08.2010.
[168] Vgl. Sasdi 2008, S. 6.

Nachweise nur in notarisierter und legalisierter Form für das Verfahren zugelassen werden. Analog gilt dies für die Prozessvollmacht sowie die Gründungsunterlagen ausländischer Unternehmen. Für die Gesellschaften ist es daher ratsam, jene Dokumente im Vorfeld zu erstellen und an einem sicheren Ort aufzubewahren. Vorzugsweise sollte dies bei einem lokalen Anwalt geschehen, der gleichzeitig als Bindeglied zu den Gerichten und Behörden fungiert.[169, 170]

Die Entscheidungen des Volksgerichts können die Unterlassung der Verletzungshandlung sowie die Beschlagnahme und Vernichtung der gefälschten Waren zzgl. der Materialien, Werkzeuge und Anlagen, die zu deren Herstellung dienen, nach sich ziehen. Ferner ist die Anweisung von Schadenersatzzahlungen möglich.[171] Gemäß Art. 56 Abs. 1 chinMarkenG bemessen sich diese entweder nach dem Gewinn, den der Verletzer durch die schädigende Handlung im bezogenen Zeitraum erzielen konnte, oder nach dem Schaden, welchen der Anspruchsinhaber dadurch erlitten hat. Eine genaue Berechnung ist jedoch in den meisten Verfahren nicht möglich, weshalb das Gericht oftmals einen pauschalierten Schadenersatz zuspricht, der im Höchstfall 500.000 CNY (chinesische Yuan) beträgt.[172, 173]

4.4.2.2 Bewertung des Verfahrens

In China hat die zivilrechtliche Durchsetzung von geistigen Eigentumsrechten in den letzten Jahren deutlich zugenommen. Dennoch bildet sie für die Rechtsschutzinhaber in vielen Belangen noch keine ernstzunehmende Alternative zu den Verwaltungsverfahren. Vor allem die lange Dauer und die hohen Kosten wirken auf die meisten betroffenen Unternehmen abschreckend. Diese beiden Aspekte lassen die Vorteile des Zivilrechtsweges stark verblassen. So erstreckt sich ein Verfahren im Durchschnitt über einen Zeitraum von einigen Jahren, wobei die Kosten beispielsweise für ein ausländisches Unternehmen zwischen ca. 30.000 und 50.000 Euro betragen.

---

[169] Vgl. Fuchs 2006, S. 202.
[170] Vgl. APM 2007, S. 38.
[171] Vgl. APM 2007, S. 37.
[172] Blume 2006-B, S. 34.
[173] Umrechnung: 1 CNY entspricht 0,11369 Euro;
siehe URL: http://www.oanda.com/lang/de/currency/converter/; abgerufen am 11.08.2010.

Bezieht man ein, dass die meisten Schadenersatzzahlungen pauschal festgesetzt werden und deren selten ausgelastete Höchstgrenze etwa 55.000 Euro beträgt, so steht der finanzielle Aufwand in keinem Verhältnis zur verhängten Strafzahlung des Verletzers.[174] Dementsprechend würde die Klageeinreichung hinsichtlich der Entschädigungszahlung erst Sinn ergeben, wenn es sich um eine Verletzung großen Ausmaßes handelt und der Anspruchsinhaber eindeutige Berechnungsgrundlagen zur Gewinn- bzw. Schadensermittlung vorlegen kann.[175]

Ein weiterer Nachteil des Zivilverfahrens sind die hohen Beweisanforderungen, ohne deren Erfüllung die Klage abgewiesen wird. Der Sachverhalt muss stichhaltig und vollständig belegt werden, welches sich i. d. R. als sehr schwierig gestaltet. Für den Rechtsinhaber kommt erschwerend hinzu, dass sich jene Barriere zur Einleitung der Klage durch die sehr aufwendige Beschaffung der relevanten Unterlagen zusätzlich erhöht.[176, 177] Ein besonders in China nicht zu unterschätzender Aspekt ist die negative Publizitätswirkung, die von einem Gerichtsverfahren ausgehen kann. Juristisches Vorgehen wird in weiten Teilen Chinas noch immer als ein Zeichen von Schwäche angesehen. Die negative Berichterstattung der chinesischen Medien würde für das anspruchstellende Unternehmen einen Imageverlust nach sich ziehen. Andererseits besitzt diese große Öffentlichkeitswahrnehmung gepaart mit einer Schadenersatzleistung eine bedeutend größere Abschreckungswirkung als dies bei den Verwaltungsverfahren der Fall ist. Desweiteren kann der Kläger darauf vertrauen, dass der Verfahrensablauf über den Gerichtsweg für ihn erheblich transparenter vonstattengeht. Er erhält zuverlässig Kenntnis von den entscheidungsrelevanten Fakten, wodurch er die Fähigkeit besitzt, schnell und wirkungsvoll auf neue Gegebenheiten reagieren zu können.[178]

Ein weiterer erheblicher Vorteil basiert auf der Wahlmöglichkeit des Gerichtsstandes durch den Kläger. Das Zivilverfahren kann im Gegensatz zur Rechtsverfolgung der

---

174 Vgl. Whale 2008, S. 113.
175 Vgl. Weingarten 2008, S. 400.
176 Vgl. von Welser 2007, S. 237.
177 Vgl. Fuchs 2006, S. 202.
178 Vgl. APM 2007, S. 38.

Verwaltungsbehörden an sämtliche Orte verlegt werden, die von der Verletzungshandlung betroffen sind. Darunter fallen alle Verkaufsregionen des Landes. Somit bietet sich dem Rechtsinhaber die Möglichkeit, den Gerichtsstand fernab vom Sitz des Piraterieunternehmens zu wählen, wodurch der Einfluss von Korruption, lokal verantwortlichen Kommunalregierungen und Guanxi erheblich verringert werden kann.[179]

Die Durchsetzung seiner Ansprüche durch das Zivilgerichtsverfahren wäre für den Rechtsinhaber erheblich attraktiver, wenn die praktische Anwendbarkeit der einstweiligen Verfügung geringeren Einschränkungen unterliegen würde. Dabei ist die Sinnhaftigkeit dieser vorprozessualen Maßnahme zweifellos gegeben, jedoch kann sich ihr Nutzen in China nicht effektiv entfalten. Ursächlich ist hierfür u. a. der hohe Ansatz der Sicherheitsleistungen, welche der Rechtsinhaber für etwaige Verluste des potentiellen Verletzers aus einer ungerechtfertigten Verfügung hinterlegen muss. Noch schwerwiegender erweist sich die sehr knapp bemessene 15-Tage-Frist zwischen Erlassung der einstweiligen Verfügung und Eröffnung des Prozesses. Dieser kurze Zeitraum verursacht i. d. R. bei der Erfüllung der hohen Beweisanforderungen große Schwierigkeiten. Der einstweiligen Verfügung kommt somit trotz ihrer Vorteile nur eine untergeordnete Bedeutung zu.[180, 181, 182] Aus den genannten Gründen ist die Einleitung eines ordentlichen Zivilverfahrens sehr gründlich zu überdenken. Im Allgemeinen ist dieser Schritt sinnvoll, wenn die Schutzrechtsverletzung in großem Ausmaß vorliegt und der Kläger die Absicht besitzt, Schadenersatz einzufordern. Außerordentliche Beachtung sollte dabei der Beschaffung von eindeutigen Kalkulationsgrundlagen für die Festsetzung von Entschädigungszahlungen geschenkt werden.[183]

---

[179] Vgl. Sasdi 2008, S. 6.
[180] Vgl. APM 2007, S. 39.
[181] Vgl. Bottenschein 2005, S. 122.
[182] Vgl. von Welser 2007, S. 223.
[183] Vgl. Weingarten 2008, S. 400.

4.4.3 Strafrechtliches Verfahren

In der Volksrepublik ist die strafrechtliche Verfolgung von Verletzungen geistiger Eigentumsrechte in den Artikeln 213 - 220 des chinesischen Strafgesetzbuches (chinStGB)[184] verankert. Durch diese im Oktober 1997 in Kraft getretenen Rechtsbestimmungen[185] können - in Verbindung mit Art. 59 chinMarkenG, Art. 58 und 64 chinPatG und Art. 47 chinUrhG - die meisten einschlägigen Verletzungshandlungen geahndet werden. Im Gegensatz zu den Verwaltungsverfahren darf die zivilrechtliche Verfolgung parallel zu strafprozessualen Maßnahmen erfolgen, um die Interessen des Berechtigten aus Unterlassungs- und Schadenersatzleistungen zu wahren.[186]

4.4.3.1 Zuständigkeiten, Verfahrensvoraussetzungen und Verfahrensablauf

Für die Verfolgung von Straftaten auf dem Sektor der Immaterialgüterrechte sind die Volksgerichte zuständig. Gemäß Art. 24 der chinesischen Strafprozessordnung (chinStPO)[187] ist in erster Instanz die örtliche Justizbehörde, in deren Bezirk die strafbare Handlung begangen wurde oder der Angeklagte ansässig ist, für die Verfolgung des Verstoßes verantwortlich. Die Zuständigkeit in zweiter Instanz obliegt den mittleren Volksgerichten. Das chinesische Höchstgericht, der Supreme People's Court, stellt letztlich die allem übergeordnete Entscheidungsstufe dar.[188, 189] Die Ermittlung, Beweissicherung und Inhaftierung der verdächtigen Personen ist dabei dem ECID (Economic Crime Investigation Department) des PSB (Public Security Bureau) bzw. der lokalen Polizeibehörden vorbehalten.[190]

---

[184] Engl.: Criminal Law of the People's Republic of China;
       URL: http://www.cecc.gov/pages/newLaws/criminalLawENG.php; abgerufen am 18.08.2010.
[185] Vgl. Blume 2006-B, S. 35.
[186] Vgl. von Welser 2007, S. 237.
[187] Engl.: Criminal Procedure Law of the People's Republic of China;
       URL: http://www.cecc.gov/pages/newLaws/criminalProcedureENG.php; abgerufen am 18.08.2010.
[188] Vgl. APM 2007, S. 41.
[189] Vgl. von Welser 2007, S. 233 f.
[190] Vgl. Papageorgiou 2002, S. 26.

Von den Bestimmungen des chinesischen Strafgesetzbuches sind diejenigen Verletzungshandlungen an geistigen Eigentumsrechten erfasst, deren Ausmaß eine bestimmte Umsatz- oder Gewinndimension übersteigen. Die genau bezifferten Grenzen wurden im Jahr 2004 vom SPC (Supreme People's Court) bzw. dem obersten Volksgericht festgelegt.[191] Die Schwellenwerte für die einzelnen Schutzrechte variieren untereinander, hinsichtlich ihrer Durchsetzung sind Systematik und Verfahrensweise der Rechtsgebiete jedoch identisch. Aus Gründen der besseren Übersicht und Verständlichkeit beschränkt sich die Untersuchung im Folgenden auf die Ansatzgrenzen der Markenrechtsverletzung.

Gemäß Art. 1 Abs. 1 Nr. 1 der Interpretation des Supreme People's Court zur Vorgehensweise bei Schutzrechtsverletzungen (ISPC)[192] ist die Strafbarkeit gegeben, wenn „ernste Umstände" vorliegen bzw. durch illegales Handeln ein Geschäftsvolumen von mehr als 50.000 CNY oder ein Gewinn von mehr als 30.000 CNY erzielt wurden. Die Kategorie „besonders ernste Umstände" wirkt strafverschärfend und wird bei Überschreitung eines Umsatzes von 250.000 CNY oder von 150.000 CNY Gewinn erreicht (Art. 1 Abs. 2 Nr. 1 ISPC). Werden dagegen mehr als zwei Markenschutzrechte verletzt, liegt die Strafbarkeitsgrenze für die Schutzrechtsverletzung bei 30.000 CNY Umsatz oder 20.000 CNY Gewinn (Art. 1 Abs. 1 Nr. 2 ISPC). Für Markenrechtsverletzungen unter „ernsten Umständen" kann ein maximales Strafmaß von drei Jahren Haft zzgl. einer Bußgelzahlung verhängt werden. Die „besonders ernsten Umstände" sehen dagegen drei bis sieben Jahre Haft zzgl. einer Geldstrafe vor (Art. 213 chinStGB).

Im Bereich der Urheberrechtsverletzungen ist eine vergleichbare Struktur der Strafbemessung mittels der Definitionen „relativ hohes Einkommen" und „hohes Einkommen" vorgegeben, wobei auch hier die höchstzulässige Rechtsfolge sieben Jahre Haft zzgl. Bußgeld beträgt. Die Patentrechtsverletzung bezieht sich hingegen nur auf „ernste Umstände". Ihre maximale Strafandrohung ist auf drei Jahre Haft und einer dazugehörigen Bußgeldzahlung beschränkt (Art. 216, 217 chinStGB).

---

[191] Vgl. Tannert 2007, S. 90.
[192] Engl.: Interpretation by the SPC in Handling Criminal Cases of Infringing Intellectual Property; URL: http://www.chinaiprlaw.com/english/laws/laws20.htm; abgerufen am 18.08.2010.

Das Verfahren kann von Amts wegen durch die Strafverfolgungsbehörden mittels direkter Klageerhebung bei den Volksgerichten, über eine Anzeige bei der örtlichen Polizei oder anhand übermittelter Fälle der Verwaltungsbehörden und Zivilgerichte veranlasst werden.[193, 194] Dabei ist die öffentliche oder private Strafverfolgung möglich. Für gewöhnlich wird die erste Variante bevorzugt wahrgenommen. In diesem Fall zeigt der Rechtsinhaber die Verletzungshandlung an, worauf das PSB die Ermittlungen aufnimmt und die notwendigen Beweismittel beschafft (Art. 89 chinStPO). Es ist ratsam, z. B. durch Bereitstellung sämtlicher relevanter Unterlagen und Informationen, die Untersuchungsbehörden so gut wie möglich zu unterstützen. Dadurch kann die Gefahr der Einstellung des Verfahrens mangels Beweisen minimiert werden.[195] Kommt das PSB aufgrund der Ermittlungsergebnisse zu dem Schluss, dass der Straftatbestand erfüllt ist, wird der Fall an die PP (People's Procuratory), vergleichbar mit der hiesigen Staatsanwaltschaft, abgegeben. Diese hat daraufhin anderthalb Monate Zeit, um zu befinden, ob der Fall an das Volksgericht abgegeben oder eingestellt wird (Art. 129, 130, 138, 140, 141 chinStPO). Entscheidet sich die PP dazu, die Sache nicht weiter strafrechtlich zu verfolgen, kann der Rechtsinhaber innerhalb von sieben Tagen Beschwerde bei der nächsthöheren Behörde einlegen oder den Fall direkt vor das Volksgericht bringen. Reichen hingegen die vorliegenden Indizien aus, beantragt die PP die Eröffnung des Gerichtsverfahrens (Art. 145 chinStPO).

Entgegen dem öffentlichen Vorgehen wird bei der privaten Strafverfolgung die Klage beim zuständigen Volksgericht direkt eingereicht. Der Rechtsinhaber ist hierbei für das Erbringen der ausreichenden Beweislast selbst verantwortlich. Wird diese vom Gericht als unvollständig erachtet, so kommt es i. d. R. zur Abweisung der Sache (Art. 171 Nr. 2 chinStPO).

---

[193] Vgl. Meyer 2008, S. 84.
[194] Vgl. APM 2007, S. 41.
[195] Vgl. Meyer 2008, S. 85.

Der Rechtsinhaber besitzt die Möglichkeit, gegen das Urteil innerhalb von zehn Tagen und gegen einen Beschluss innerhalb von fünf Tagen in Berufung zu gehen (Art. 183 chinStPO).

4.4.3.2 Bewertung des Verfahrens

Das Strafverfahren spielt in der Praxis bei der Durchsetzung von Schutzrechten nur eine untergeordnete Rolle, welches sich deutlich in der vergleichsweise geringen Anzahl der Fälle widerspiegelt. Ein Hauptgrund ist sicherlich darin zu sehen, dass mittels des Strafverfahrens weder die Unterlassung noch Entschädigungszahlungen gegen den Rechtsverletzer erwirkt werden können. Ebenso ursächlich sind die hohen Ansätze der Schwellenwerte und die Kriterien der Schadensummenberechnung. Die Wertermittlung der Waren erfolgt anhand der Preise für gefälschte Produkte anstatt derer für Originalartikel. Dadurch ist es für die Rechtsinhaber oftmals nicht möglich, die Strafbarkeitshürden zu bewältigen.[196, 197, 198] Erschwerend hinzu kommt die geringe Bereitschaft der Verwaltungsbehörden, strafrechtlich relevante Fälle an die Volksgerichte weiterzuleiten, obwohl sie dazu verpflichtet sind. Die Ursache ist wohl hauptsächlich in den Bußgeldern zu sehen, welche den Behördenetats durch die Abgabe der potentiellen Strafsachen verlorengehen würden. Ebenfalls sind der einflussstarke Lokalprotektionismus und die weitverbreitete Korruption ins Kalkül einzubeziehen. Selbige Überlegungen treffen auch auf die örtlichen Polizeibehörden zu, deren Kooperationsbereitschaft bei privaten Anzeigen eher gering ist.[199]

Desweiteren kann die geringe Anzahl strafrechtlicher Verfahren auf die Evaluierung von Staatsanwälten und Polizeidienststellen zurückgeführt werden. Das entscheidende Kriterium der Leistungsbeurteilung ist nicht die Quantität der bearbeiteten Fälle, sondern die Quote der Verurteilungen. Demzufolge sind die Staatsanwälte nur an aussichtsreichen Prozessen interessiert und geben die weniger erfolgversprechenden Fälle wieder an die Polizei zurück, welche diese umgehend an die Verwaltungsbehörden weiterleiten. Unter jener Rückführung leidet wiederum die Erfolgsstatistik

---

[196] Vgl. Whale 2008, S. 114.
[197] Vgl. APM 2007, S. 43.
[198] Vgl. von Welser 2007, S. 237.
[199] Vgl. Blume 2006-B, S. 39.

der Polizei, weshalb letztendlich gegenüber den Antragstellern überhöhte Beweisanforderungen gestellt werden.

Gelten Ermittlungssachen in ihrer Wahrscheinlichkeit auf eine Verurteilung als unsicher, erfolgt oftmals keine Bearbeitung.[200, 201]

Trotz dieser negativen Begleitumstände besteht vor allem bei ausländischen Rechtsinhabern Interesse an der strafrechtlichen Verfolgung. Aufgrund der möglichen Haftstrafen und der großen Öffentlichkeitswirkung besitzen die Strafverfahren enormes Abschreckungspotenzial. Insofern kann dieser Maßnahme der Rechtsdurchsetzung vor allem ein bedeutender Präventivnutzen attestiert werden, woraus wiederum ein hoch einzuschätzender Sicherungseffekt für das geistige Eigentum resultiert.[202]

4.4.4 Grenzbeschlagnahmeverfahren

4.4.4.1 Zuständigkeiten, Verfahrensvoraussetzungen und Verfahrensablauf

Das Grenzbeschlagnahmeverfahren dient der Bekämpfung des grenzüberschreitenden Verkehrs schutzrechtsverletzender Waren, für dessen Durchführung die chinesische Zollverwaltung sachlich zuständig ist.

Die Behörde ist aufgrund der Zollverordnung zum Schutz geistigen Eigentums vom 01.10.1995 dazu ermächtigt, bei der Ein- und Ausfuhr von Waren, welche Marken-, Patent- und Urheberrechte verletzen, diese zu beschlagnahmen und zu vernichten. Ergänzt wird die Rechtsvorschrift durch die im März 2004 in Kraft getretenen „Regelungen der VR China zum Schutz geistiger Eigentumsrechte durch den Zoll"

---

[200] Vgl. Mertha 2005, S. 184.
[201] Vgl. Beiten 2005, S. 2., siehe unter „Strafrechtliche Maßnahmen".
[202] Vgl. Bottenschein 2005, S. 124.

(chinZR),[203] die zugehörigen Ausführungsbestimmungen (chinABZR),[204] welche ab dem 01.07.2004 Verbindlichkeit erhielten sowie die Vorgaben des TRIPS-Abkommens. Örtlich zuständig ist die Zolldienststelle, in deren regionalem Verantwortungsbereich der Aufgriff stattfand. (Art. 2 und 3 chinZR).[205]

Der Rechtsinhaber besitzt zweierlei Möglichkeiten, um ein Tätigwerden der Zollbehörden im Sinne des Grenzbeschlagnahmeverfahrens zu veranlassen. Bis zum Inkrafttreten der Zollbestimmungen im Jahr 2004 war dies ausschließlich über eine Registrierung bei der GAC (General Administration of Customs of China) in Beijing realisierbar. Durch die geschaffene Alternative kann der Anspruchsinhaber die Durchsetzung seiner Rechte auch mittels eines sogenannten Ad-hoc-Antrages bei der Zollverwaltung geltend machen.[206] Auch wenn die Registrierung bei der GAC nicht mehr verpflichtend ist, so wird diese Verfahrensweise von den Rechtsinhabern i. d. R. auch weiterhin praktiziert. Die übermittelten Angaben werden in das CIRPS (Centralized Intellectual Property Rights Recordation System) eingegeben. Dies ist ein Datenbanksystem, auf das sämtliche Zolldienststellen zugreifen können.[207] Für jedes Recht muss ein separater Antrag in chinesischer Sprache gestellt werden. Ergänzend sind ihm Dokumente bzw. Beweise beizufügen wie z. B. Fotokopien von Ausweispapieren oder Lizenzverträgen. Ausländische Unternehmen sind dazu verpflichtet, einen Anwalt oder eine andere bevollmächtigte Person chinesischer Staatsangehörigkeit mit der Antragstellung zu betrauen.

Ab Bestätigung der Registrierung besteht eine Schutzdauer von 10 Jahren, die um jeweils den gleichen Zeitraum verlängert werden kann (Art. 2, Art. 6 Abs. 2, Art. 7, 9, 10 chinABZR).

---

[203] Engl.: Regulations of the People's Republic of China on Customs Protection of Intellectual Property Rights;
URL: http://www.chinaiprlaw.com/english/laws/laws19.htm; abgerufen am 20.08.2010.

[204] Engl. Measures of the General Administration of Customs of the People's Republic of China for the Implementation of the Regulations of the People's Republic of China on Customs Protection of Intellectual Property Rights; URL: http://www.lehmanlaw.com/resource-centre/laws- and-regulations/customs-importexport-and-trading/measures-of-the-general-administration-of-customs-of-the-peoples-republic-of-china-for-the-implementation-of-the-regulation-of-the-peoples-republic-of-china-on-the-customs-protection-of-intellectual-property-rights-2004.html; abgerufen am 20.08.2010.

[205] Vgl. Blume 2006-B, S. 41.

[206] Vgl. APM 2007, S. 35.

[207] Vgl. Blume 2006-B, S. 41 f.

Mit der Registrierung bei der GAC werden die einzelnen Zolldienststellen von Amts wegen für den jeweiligen Rechtsinhaber tätig. Aufgrund der Waren- und Schutzrechtsbeschreibungen in CIRPS sind sie in der Lage, spezielle Produktmerkmale, die auf eine Verletzungshandlung hindeuten, zu erkennen. Ergibt sich der Verdacht eines einschlägigen Rechtsverstoßes, ist der Anspruchsteller unverzüglich darüber zu informieren (Art. 20 chinABZR). Will dieser, dass die Güter weiterhin zurückgehalten werden, muss durch ihn innerhalb von drei Tagen ein entsprechender Antrag gestellt werden. Desweiteren ist er dazu verpflichtet, eine Sicherheit in Höhe des Warenwertes zu leisten (Art. 22 chinABZR). Ab der Antragstellung hat die Zollbehörde innerhalb von 30 Tagen über das Bestehen einer Schutzrechtsverletzung zu befinden (Art. 26 Abs. 1 chinABZR). Kommt sie zu dem Schluss, dass ein Verstoß vorliegt, werden die Produkte endgültig einbehalten. Erfolgt jedoch bis Ablauf der Frist weder ein Tätigwerden noch eine Entscheidung, so verbleibt dem Rechtsinhaber lediglich die Möglichkeit, innerhalb von 20 weiteren Tagen einen richterlichen Beschlagnahmebeschluss zu erwirken. Ist es dagegen der Zollbehörde nicht möglich, eindeutig über das Vorliegen einer Rechtsverletzung zu urteilen, kann der Antragsteller nach Verstreichen der 30-Tages-Frist binnen weiterer 20 Tage einen Beschluss des Gerichts auf Beweissicherung oder Unterlassung anstreben. Andernfalls wird die Ware freigegeben (Art. 27 Abs. 2 chinABZR).[208]

Will der Rechtsinhaber dagegen auf die Registrierung bei der GAC verzichten bzw. einzelfallbezogen das Grenzbeschlagnahmeverfahren veranlassen, kann er stattdessen den sogenannten Ad-hoc-Antrag auf Tätigwerden der Zollbehörden stellen. Dieses Vorgehen erfordert, dass der Berechtigte selbst nach verletzenden Gütern Ausschau hält und nach Erkennen eines entsprechenden Verstoßes die Festsetzung bei der zuständigen Zollstelle beantragt. Grundsätzlich ist jedoch auch eine Kombination aus beiden Varianten möglich, indem der Anspruchsteller neben der amtswegigen Verfolgung einen separaten Antrag stellt, um dadurch das besondere Augenmerk des Zolls auf eine ganz spezielle Verletzungshandlung zu konzentrieren.[209, 210]

---

[208] Vgl. APM 2007, S. 35.
[209] Vgl. Meyer 2008, S. 31.
[210] Vgl. APM 2007, S. 35.

Das Ersuchen auf Tätigwerden sollte neben persönlichen Daten vor allem spezielle Angaben zur betreffenden Sendung enthalten, z. B. den wahrscheinlichen Lagerort, die Ankunftszeit und eine Warenbeschreibung (Art. 13 chinZR). Nach erfolgter Festsetzung der Güter muss der Rechtsinhaber zum Zweck der Beschlagnahme oder Unterlassung innerhalb von 20 Tagen eine einstweilige Verfügung bei einem Zivilgericht erwirken. Wird diese Voraussetzung nicht erfüllt, so erfolgt die Freigabe der Waren (Art. 17 Abs. 2 chinABZR).

Widerspricht der Empfänger oder Absender gegen die Beschlagnahme, kann der Rechtsinhaber die Freilassung der Waren verhindern, indem er Klage beim zuständigen Volksgericht einlegt. Mittels einer Fotokopie ist die Annahme des Falls gegenüber der Zollbehörde zu belegen, wobei eine Frist von 30 Tagen einzuhalten ist (Art. 18 Abs. 2, Art. 19 chinABZR). Sämtliche Kosten, die im Zuge des Grenzbeschlagnahmeverfahrens entstehen, z. B. für die Lagerhaltung oder Vernichtung der Waren, trägt der Rechtsinhaber. Eine Erstattung durch den Verletzenden ist nur auf zivilgerichtlichem Wege durchsetzbar (Art. 31 Abs. 1, 2 chinABZR).

4.4.4.2 Bewertung des Verfahrens

Die beiden Möglichkeiten des chinesischen Grenzbeschlagnahmeverfahrens, das Tätigwerden von Amts wegen und das Einzelfallverfahren, stellen aufgrund ihrer Systematik sehr wirksame Methoden zur Durchsetzung geistiger Eigentumsrechte dar. Jene Ansicht zur Zweckdienlichkeit der Maßnahme wird von Experten und erfahrenen Geschäftsleuten vertreten. Sie schätzen die Zollbehörden als kooperativ und versiert ein. Zudem wird die technische Ausrüstung zum Auffinden von gefälschten Produkten zusehends verbessert.[211] Ferner ist anzumerken, dass die Ausgestaltung der Zollregelungen und ihrer Ausführungsbestimmungen für die Anwendung in den Dienststellen sehr detailliert und nachvollziehbar formuliert sind.

Die positiven Voraussetzungen, die beispielsweise in den klaren gesetzlichen Vorgaben begründet liegen, können jedoch oftmals in der Praxis nicht wie vorgese-

---

[211] Vgl. APM 2007, S. 35.

hen umgesetzt werden. Aufgrund des riesigen Exportvolumens der Volksrepublik und der dafür ungenügenden Personalausstattung sind die Kapazitäten der Zollbehörden permanent ausgelastet. Ein Tätigwerden von Amts wegen zur Durchsetzung von Schutzrechten kann oftmals nicht realisiert werden.[212] Für die Rechtsinhaber ist es deshalb empfehlenswert, selbst Nachforschungen zu bevorstehenden grenzüberschreitenden Verletzungshandlungen vorzunehmen und bei entsprechenden Verdachtsmomenten einen gesonderten Antrag auf Tätigwerden der Zollbehörden zu stellen. Am vorteilhaftesten dürfte sich hierbei die Kombination aus beiden Verfahren erweisen, so dass neben den speziellen Informationen der Sendung auf die Angaben im GAC-Register zugegriffen werden kann. Je umfangreicher die vorliegenden Daten sind, desto höher sind die Erfolgsaussichten auf ein Eingreifen der Zollbehörden.[213, 214]

Ein weiterer bedeutender Aspekt des Verfahrens ist die hohe finanzielle Belastung für den Rechtsinhaber. Er sollte deshalb genau abwägen, ob die Veranlassung einer Beschlagnahme für ihn sinnvoll ist. Kommt eine Zurückhaltung verdächtiger Produkte zustande, so muss der Antragsteller sämtliche Kosten, die mit ihr in Zusammenhang stehen wie z. B. für Lagerhaltung, Transport und Strafverfolgung übernehmen. Diese werden erfahrungsgemäß sehr hoch bemessen, so dass sie nicht selten den gesamten Wert der beschlagnahmten Waren ausmachen. Analog hierzu kann auch der unverhältnismäßig hohe Ansatz der Sicherheitsleistung, welcher sich nach dem Warenwert der zurückgehaltenen Güter richtet, genannt werden. Der Betrag wird dabei auf Grundlage der Originalware berechnet.

Die bedeutendste Einschränkung hinsichtlich einer erfolgreichen Umsetzung des Grenzbeschlagnahmeverfahrens stellt jedoch die knappe Bemessung der Fristen für die Gerichte und Zollbehörden dar. So ist beispielsweise innerhalb von 20 Tagen die Erwirkung von einstweiligen Verfügungen, Beschlagnahme- und Unterlassungsbeschlüssen aufgrund der hohen Beweisanforderungen der Volksgerichte kaum zu realisieren. Diesem Missstand kann der Rechtsinhaber zumindest teilweise entge-

---

[212] Vgl. Blume 2006-B, S. 41.
[213] Vgl. Fuchs 2006, S. 212.
[214] Vgl. Thaler 2010, S. 154 f.

genwirken, indem er die erforderlichen Nachweise an ortsnaher Stelle bündelt, um so kurzfristig handlungsfähig zu sein.[215, 216, 217]

[215] Vgl. von Welser 2007, S. 230 ff.
[216] Vgl. Blume 2006-B, S. 42 ff.
[217] Vgl. APM 2007, S. 35.

5 Schlussbetrachtung

Die Produkt- und Markenpiraterie entwickelte sich in den vergangenen Jahren zu einem der bedeutendsten Phänomene der internationalen Wirtschaftskriminalität. Dabei stellt China das weltweit führende Hersteller- und Exportland von schutzrechtsverletzenden Waren dar. Diese herausragende Rolle wird eindrucksvoll durch die unterschiedlichsten statistischen Erhebungen untermauert. Vor allem die Aufgriffszahlen an der EU-Außengrenze sind diesbezüglich sehr aufschlussreich. Danach stammen allein 64,4 % der gesamten beschlagnahmten Produkte unmittelbar aus dem Reich der Mitte.

Die Folgen der Produkt- und Markenpiraterie verursachen nicht nur bei den Rechtsinhabern ernsthaften Schaden, sondern sind in allen Bereichen der Gesellschaft spürbar. Vor allem in den westlichen Industrienationen schlägt sich das umfangreiche Vorkommen nachgeahmter Waren negativ nieder. Hierbei sind vor allem der Arbeitsmarkt, die Sozialversicherungen, die Steuereinnahmen und die ausländischen Direktinvestitionen betroffen. Allein in Deutschland bezifferte sich 2009 der Schaden für das Gemeinwesen auf ca. 50 Milliarden Euro.

Bereits zu Beginn der achtziger Jahre begann die internationale Staatengemeinschaft, ihre Märkte gegen die aufkommende Produktpiraterie aus China zu schützen, indem sie wirtschaftspolitischen Druck auf die Volksrepublik ausübte. Als Voraussetzung für die Integration in den Welthandel musste China einer Reihe von Abkommen beitreten, welche den Schutz der geistigen Eigentumsrechte zum Inhalt hatten. Jene Übereinkünfte zogen in China u. a. den Aufbau eines entsprechenden umfangreichen Gesetzeswerkes nach sich. Die Untersuchung dieses geschaffenen Rechtssystems bildete den Schwerpunkt des vorliegenden Buches. Dabei lag der Fokus auf den Möglichkeiten und Grenzen, welche sich für die Rechtsinhaber im Hinblick auf die Sicherung und Durchsetzung ihrer Ansprüche ergeben haben.

Inhaltlich sind die einschlägigen Gesetzesgrundlagen konform zu den Vorgaben des TRIPS-Abkommens und mit den entsprechenden Bestimmungen Deutschlands vergleichbar. Den Kern zur Sicherung der Immaterialgüterrechte bilden das Marken-, Patent- und Urheberrechtsgesetz, währenddessen sich die gerichtliche Durchsetzung in erster Linie auf die Vorgaben aus StGB, StPO und ZPG stützt. Insofern bieten die betreffenden Gesetze adäquate Voraussetzungen für den wirksamen Schutz geistiger Eigentumsrechte. Im Hinblick auf eine effektive praktische Umsetzung herrschen jedoch erhebliche Einschränkungen. Markante Faktoren sind hierbei die personelle Unterbesetzung der Verfolgungsbehörden, der Einfluss von Lokalprotektionismus und Korruption, hohe Kostenbelastung für die Rechtsinhaber, überzogene Beweisanforderungen der Gerichte, zu knapp bemessene Entscheidungsfristen und die ungenügende Abschreckung durch zu geringe Strafen. Den Inhabern von Schutzrechten stehen verschiedenste Möglichkeiten zur Verfügung, gegen diese widrigen Verhältnisse anzukämpfen. Diese müssen jedoch auch bekannt sein und genutzt werden. Dafür sollte eine chinesische Anwaltskanzlei hinzugezogen werden, bei der sämtliche Unterlagen für eine eventuell anstehende gerichtliche oder behördliche Entscheidung hinterlegt werden und die als Ansprechpartner für die lokalen Institutionen fungiert. Ebenso wichtig ist beispielsweise die optimale Informationsversorgung der Zollbehörden mittels Erkennungshinweisen zu den geschützten Produkten.

Letztendlich steht jedoch die Erkenntnis, dass die Voraussetzungen für eine wirkungsvolle Rechtsdurchsetzung nur unzureichend gegeben sind. Die aktuell vorliegenden Umstände fördern eher die weitere Verbreitung der Produkt- und Markenpiraterie als das sie diese eindämmen. Dabei könnte die Volksrepublik allein durch die Erhöhung der personellen Kapazität in den Behörden und Gerichten, eine Reformierung der Fristenregelung und die generelle Erhöhung des Strafmaßes deutliche Verbesserungen bei den Durchsetzungsmöglichkeiten der Rechtsinhaber erzielen. Die Frage ist jedoch, ob sie dies auch will. Es ist anzuzweifeln, dass die Volksrepublik an der Bekämpfung der Produkt- und Markenpiraterie überhaupt Interesse besitzt, denn deren Bestehen verschafft ihr eine Reihe von Vorteilen. Die Fälscherindustrie leistet einen wesentlichen Beitrag am chinesischen Wirtschaftsaufschwung. Ihr Anteil am BIP beträgt geschätzte 10 bis 30 %, und sie versorgt die Bevölkerung nicht nur mit Ver- und Gebrauchsgegenständen, sondern vor allem mit Arbeitsplätzen. Die Ausweitung über die Landesgrenzen hinaus schafft neue Absatzmärkte, erhöht das Volkseinkommen und schwächt zudem die globale Konkurrenz. Die internationale Staatengemeinschaft wird diese Entwicklung kaum aufhalten können. Zu stark ist mittlerweile die wirtschaftliche Abhängigkeit vom Reich der Mitte. Es ist jedoch nicht unwahrscheinlich, dass in naher Zukunft ein Sinneswandel bei der Parteispitze Chinas eintreten wird, welcher der Produkt- und Markenpiraterie im eigenen Land Einhalt gebietet. Ein Blick in die Wirtschaftsgeschichte der USA oder Japans bestärken diese Prognose. Beide Staaten verdanken ihren ökonomischen Aufstieg nicht unwesentlich der Verletzung geistiger Eigentumsrechte. Dennoch sahen sie sich eines Tages dazu gezwungen, die Produktpiraten im eigenen Land zu bekämpfen, da sich ihre einheimische Wirtschaftslandschaft mittlerweile auf einer Entwicklungsstufe befand, für die ein Fortbestehen der Fälscherindustrie mehr Nachteile als Vorteile mit sich brachte.

Literaturverzeichnis

Bottenschein 2005   Bottenschein, Florian; Die Bekämpfung der Markenpiraterie in der Volksrepublik China und Hongkong; in: GRUR International; Jg. 2005; S. 121 – 126.

Blume 2006-A   Blume, Andreas; Produkt- und Markenpiraterie in der VR China: Phänomen, Art und Ausmaß - China Analysis No. 53; Trier; 2006.

Blume 2006-B   Blume, Andreas; Produkt- und Markenpiraterie in der VR China: Recht und Rechtsdurchsetzung - China Analysis No. 54; Trier; 2006.

Blume 2006-C   Blume, Andreas; Produkt- und Markenpiraterie in der VR China: Politische Akteure, Widerstände, Ausblick - China Analysis No. 55; Trier; 2006.

Brenner 2006   Brenner, Christian; Schutzmaßnahmen gegen Produktpiraterie in der Praxis; in: Sokianos, Nicolas Photios; Produkt- und Konzeptpiraterie; Wiesbaden; 2006; S. 275 – 290.

Burkart 2008   Burkart, Stefan; Globalisierung und Gewerblicher Rechtsschutz; 2. Auflage; Bremen/Hamburg; 2008.

Chow 2002   Chow, Daniel C. K.; A Primer on Foreign Investment Enterprises and Protection of Intellectual Property in China; Den Haag; 2002.

Clark 2000   Clark, Douglas; IP rights protection will improve in China – eventually; in: China Business Review; o. O.; May-June 2000; S. 22 – 29.

Creifelds 2002   Creifelds, Carl; Weber, Klaus; Rechtswörterbuch; 17. Auflage; München; 2002.

Dietz 2004   Dietz, Adolf; Das chinesische Urheberrecht: Copyright oder Droit d'auteur?; in: Loewenheim, Ulrich; Urheberrecht im Informationszeitalter – Festschrift für Wilhelm Nordemann zum 70. Geburtstag; München; 2004; S. 527 – 538.

Eisenmann 2009   Eisenmann, Hartmut; Jautz, Ulrich; Grundriss Gewerblicher Rechtsschutz und Urheberrecht; 8. Auflage; Heidelberg; 2009.

Ensthaler 2003   Ensthaler, Jürgen; Gewerblicher Rechtsschutz und Urheberrecht; 2. Auflage; Berlin; 2003.

Erd 2010	Erd, Rainer; Produkt- und Markenpiraterie in China; Aachen; 2010.
Fan 2002	Fan, Ying; Questioning guanxi: definition, classification and implications; in: International Business Review; 11/2001; S. 543 – 561.
Firth 2006	Firth, Godfrey; IP Protection Best Practise Tips; in: The China Business Review; Januar – Februar 2006; S. 18 – 25.
Fuchs 2006	Fuchs, Hans-Joachim (Hrsg.); Kammerer, Jörg; Ma, Xiaoli; Rehn, Ina Melanie; Piraten, Fälscher und Kopierer: Wirksame Methoden und Strategien gegen die Verletzung gewerblicher Schutzrechte in China; Wiesbaden; 2006.
Götting 2007	Götting, Horst-Peter; Gewerblicher Rechtsschutz; 8. Auflage; München; 2007.
Ghanea 2005	Ghanea, Peter; Pattloch, Thomas; Intellectual Property Law in China, Max Planck Series on Asian Intellectual Property Law, Band 11; Den Haag; 2005.
Heberer 1991	Heberer, Thomas; Korruption in China. Analyse eines politischen, ökonomischen und sozialen Problems; Opladen; 1991.
Heilmann 1998	Heilmann, Sebastian; Modernisierung ohne Demokratie? Zukunftsperspektiven des politischen Systems und der Kommunistischen Partei; in: Herrmann-Pillath, Carsten; Lackner, Michael; Länderbericht China, Band 351; Bonn; 1998; S. 186 – 205.
Heilmann 2002	Heilmann, Sebastian; Das politische System der Volksrepublik China; Wiesbaden; 2002.
Heilmann 2005	Heilmann, Sebastian; Kurze Geschichte der Volksrepublik China; in: Informationen zur politischen Bildung; Nr. 289/2005; 2005; S. 5 – 8.
Holbig 2001	Holbig, Heike; Lokalverwaltung in der VR China. Zum Wandel parteistaatlicher Kontrollstrukturen seit 1979; in: China aktuell; Februar 2001; S. 153 – 168.
Kehrer 2006	Kehrer, Olaf; Raubkopien – Geißel oder Chance der Softwareindustrie?; in: Sokianos, Nicolas Photios; Produkt- und Konzeptpiraterie; Wiesbaden; 2006; S. 185 – 204.
Li 2003	Li, Hui; Cheng, Jianjun; Zhishi chanquan fa (Recht des geistigen Eigentums); Tianjin; 2003.

Liangya 2004	Liangya, Cheng; Die Bedeutung des WTO-Beitritts für die wirtschaftliche Entwicklung Chinas: Eine betriebs- und gesamtwirtschaftliche Analyse; Wiesbaden; 2004.
Liu 1992	Liu, Yia-Ling; Reform From Below: The Private Economy and Local Politics in the Rural Industrialization of Wenzhou; in: The China Quarterly; Nr. 130; 1992; S. 293 – 316.
Meister 1990	Meister, Herbert E.; Leistungsschutz und Produktpiraterie – Fragmente zu einem Phänomen; Frankfurt am Main; 1990.
Mertha 2005	Mertha, Andrew C.; Shifting Legal and Administrative Goalposts; in: Diamant, Neil J.; Lubman, Stanley B.; O'Brian, Kevin J. (Hrsg.); Engaging the Law in China; Stanford; 2005; S. 161 – 192.
Meyer 2008	Meyer, Marcus; Marken- und Produktpiraterie in der VR China; Hamburg; 2008.
Moga 2002	Moga, Thomas T.; The TRIPS Agreement and China; in: The China Business Review; November/Dezember 2002; S. 12 – 18.
Oi 1999	Oi, Jean C.; Rural China Takes Off: Institutional Foundations of Economic Reform; Berkeley; 1999.
o. V. 2008	o. V.; OECD - Die wirtschaftlichen Folgen von Produkt- und Markenpiraterie; o. O.; 2008.
Papageorgiou 2002	Papageorgiou, Elliot; Durchsetzung von gewerblichen Schutzrechten; in: Wirtschaftshandbuch China; Bd. 4; Frankfurt am Main; 2002.
Priest 2006	Priest, Eric; The Future of Music and Film Piracy in China; in: Berkeley Technological Law Review; Vol. 21, p. 795; Berkeley; 2006; S. 796 – 868.
Ring 2008	Ring, Marcus; China und das Recht des geistigen Eigentums; Hamburg; 2008.
Rothe 2009	Rothe, Björn; Schutzrechte für geistiges Eigentum in China – das TRIPS-Abkommen; Hamburg; 2009.
Ruhe 2007	Ruhe, Bettina; Gewährleistung und Grenzen von Eigentum in der VR China; Berlin; 2007.
Sandschneider	Sandschneider, Eberhard; Die Kommunistische Partei Chinas

1998	an der Macht: Politische Entwicklungen bis zum Ende der Ära Deng Xiaoping; in: Herrmann-Pillath, Carsten; Lackner, Michael; Länderbericht China, Band 351; Bonn; 1998; S. 181 - 185.
Schäfer 2002	Schäfer, Jochen; Gewerblicher Rechtsschutz; in: Wirtschaftshandbuch China, 4: Arbeitsrecht, Personal, Gewerblicher Rechtsschutz, Immobilien; 2002; S. 18 – 22.
Schmitz-Bauerdick 2005	Schmitz-Bauerdick, Frauke; VR China – Rechtstipps für Exporteure; 2. Auflage; Köln; 2005
Schramm 2001	Schramm, Matthias; Taube, Markus; Institutionsökonomische Anmerkungen zur Einbettung von Korruption in das Ordnungssystem chinesischer Guanxi-Netzwerke; Duisburg; 2001.
Schubert 2008-A	Schubert, Gunter; Das politische System Hongkongs; in: Heberer, Thomas; Derichs, Claudia; Einführung in die politischen Systeme Ostasiens; 2., aktualisierte und erweiterte Auflage; Wiesbaden; 2008; S. 179 – 196.
Schubert 2008-B	Schubert, Gunter; Das politische System Taiwans. in: Heberer, Thomas; Derichs, Claudia; Einführung in die politischen Systeme Ostasiens; 2., aktualisierte und erweiterte Auflage; Wiesbaden; 2008; S. 417 – 454.
Shenkar 2007	Shenkar, Oded; Chinas Jahrhundert; München; 2007.
Shoukang 1997	Shoukang, Guo; Entwicklung und Perspektiven des geistigen Eigentums in der Volksrepublik China; in: GRUR International; Jg. 1997; S. 949 – 958.
Tannert 2007	Tannert, Norman; Produkt- und Markenpiraterie in der VR China; Frankfurt; 2007.
Thaler 2009	Thaler, Wolfgang; Die rechtliche Abwehr von Marken- und Produktpiraterie; Innsbruck; 2009.
von Welser 2007	von Welser, Marcus; Gonzalez, Alexander; Marken- und Produktpiraterie; Weinheim; 2007.
Wang 1997	Wang, Chenguang; Zhang, Xianchu; Introduction to Chinese Law; Hongkong/Singapore; 1997.
Weingarten 2008	Weingarten, Paul; Chinas IP-Recht und Produktfälschung; in: ecolex – Fachzeitschrift für Wirtschaftsrecht; Jg. 2008; S. 398 – 400.

Whale 2008	Whale, Joshua; Minford, Luke; Managing IP infringement: what to do when you get into difficulty; in: Reuvid, Jonathan; Business Insights: China; London and Philadelphia; 2008; S. 107 – 114.
Wölfel 2003	Wölfel, Thomas; Marken- und Produktpiraterie; Stuttgart; 2003.
Xiao 2007	Xiao, Juan Ma; Personalführung in China; Göttingen; 2007.
Zhu 2010	Zhu, Meiting; Gewerblicher Rechtsschutz in der VR China; Köln; 2010.
Zinzius 2007	Zinzius, Birgit; China entdecken; 3., aktualisierte Auflage; München; 2007.

Internetquellen

APM 2007	Aktionskreis gegen Produkt- und Markenpiraterie e. V.; China Know-How; 2007; URL: http://www.markenpiraterie-apm.de/files/chinaknowhow_alles_1.pdf; Abruf: 02.08.2010.
Beiten 2005	Beiten Burkhardt Rechtsanwaltsgesellschaft mbH (Hrsg.); China Update; 2005; URL: http://www.bblaw.com/uploads/media/China_update_dt.pdf; Abruf: 12.08.2010.
BMF 2010	Bundesministerium der Finanzen (Hrsg.); Gewerblicher Rechtsschutz, Statistik für das Jahr 2009; URL: http://www.zoll.de/e0_downloads/f0_dont_show/zgr_jahresstatistik.pdf; Abruf: 25.06.2010.
DBP 2010	Die Botschaft der Bundesrepublik Deutschland in Peking (Hrsg.); Wirtschaftsdaten China kompakt; 2010; URL: http://www.peking.diplo.de/Vertretung/peking/de/Download dateien/05__Wirtschaft/widaten__kompakt__download, property=Daten.pdf; Abruf: 15.06.2010.
DPMA 2008	Deutsches Patent- und Markenamt (Hrsg.); Jahresbericht 2008 – Deutsches Patent- und Markenamt; 2009; URL: http://www.dpma.de/docs/service/veroeffentlichungen/jahresbe richte/dpma-jahresbericht2008.pdf; Abruf: 22.06.2010.

EC 2009

Generaldirektion Steuern und Zollunion der Europäischen Kommission (Hrsg.); 2008 Report on EU Customs enforcement of Intellectual Property Rights – Results at the European Border; 2009; URL: http://www.pdfdownload.org/pdf2html/view_online.php?url=h ttp%3A%2F%2Fec.europa.eu%2Ftaxation_customs%2Fresour ces%2Fdocuments%2Fcustoms%2Fcustoms_controls%2Fcoun terfeit_piracy%2Fstatistics%2F2009_statistics_for_2008_full_ report_en.pdf; Abruf: 25.06.2010.

EC 2010

Generaldirektion Steuern und Zollunion der Europäischen Kommission (Hrsg.); 2009 Report on EU Customs enforcement of Intellectual Property Rights – Results at the European Border; 2010; URL: http://www.pdfdownload.org/pdf2html/view_online.php?url=h ttp%3A%2F%2Fec.europa.eu%2Ftaxation_customs%2Fresour ces%2Fdocuments%2Fcustoms%2Fcustoms_controls%2Fcoun terfeit_piracy%2Fstatistics%2Fstatistics_2009.pdf; Abruf: 25.06.2010.

Frontier 2009

Frontier Economics Limited (Hrsg.); The Impact of Counterfeiting on Governments and Consumers; London; 2009; URL: http://www.pdfdownload.org/pdf2html/view_online.php?url=h ttp%3A%2F%2Fwww.iccwbo.org%2FuploadedFiles%2FBAS CAP%2FPages%2FImpact%2520of%2520Counterfeiting%25 20on%2520Governments%2520and%2520Consumers%2520- %2520Exec%2520Summary.pdf; Abruf: 25.06.2010.

GD 2007

Globaldefence.net; Weltorganisation für geistiges Eigentum; Kassel; 2007; URL: http://www.globaldefence.net/artikel- analysen/buendnisse/uno/55-weltorganisation-fuer-geistiges- eigentum-wipo.html; Abruf: 03.07.2010.

ICC 2009

ICC Deutschland e. V., Internationale Handelskammer (Hrsg.); Produktpiraterie in Deutschland – Großer Schaden für deutsche Wirtschaft durch Produktpiraterie; 2009; URL: http://www.original-ist-genial.de/home/single- news/article/grosser-schaden-fuer-deutsche-wirtschaft-durch- produktpiraterie.html; Abruf: 28.06.2010.

ICC 2010   ICC Deutschland e. V., Internationale Handelskammer (Hrsg.);
                    Produktpiraterie in Deutschland – Auswirkungen; 2010; URL:
                    http://www.original-ist-genial.de/produktpiraterie-in-
                    deutschland/auswirkungen.html;
                    Abruf: 20.06.2010.

Moravec 2008   Moravec, Michael; Kampf gegen Chinas Patentpiraten; in: Der
                    Standard; 2008; URL: http://derstandard.at/3222058;
                    Abruf: 20.07.2010.

Münzel 2001   Münzel, Frank; Anmerkungen zum Urheberrechtsgesetz der
                    VR China; 2001; URL: http://lehrstuhl.jura.uni-
                    goettingen.de/chinarecht/011027.htm;
                    Abruf: 22.07.2010.

Oberender 2003   Oberender, Peter; Transformationsprozesse in der VR China
                    aus ökonomischer Sicht; 2003; URL:
                    http://www.pdfdownload.org/pdf2html/view_online.php?url=h
                    ttp%3A%2F%2Fwww.hss-
                    koord.cn%2FKOORD%2FPub%2FKOORDDok%2FPDF%2F
                    03%2FOberenderdt.pdf;
                    Abruf: 01.07.2010.

OECD 2010   Organization for Economic Co-Operation and Development
                    (Hrsg.); Stat Extracts – International Trade; 2010; URL:
                    http://stats.oecd.org/Index.aspx?DataSetCode=MEI_TRD;
                    Abruf: 28.06.2010.

Sasdi 2008   Sasdi, Andreas; Gefahr aus Fernost? Schutz gegen Plagiate aus
                    China; 2008; URL: http://www.simons-
                    law.com/library/pdf/d/703.pdf;
                    Abruf: 28.07.2010.

SIPO 2010   State Intellectual Property Office of the P.R.C.; Statistics;
                    2010; URL: http://www.sipo.gov.cn/sipo_English/statistics/;
                    Abruf: 10.07.2010.

TI 2010   Transparency International (Hrsg.); Corruption Perception
                    Index 2009; 2010; URL:
                    http://www.transparency.org/policy_research/surveys_indices/
                    cpi/2009/cpi_2009_table;
                    Abruf: 03.07.2010.

WIPO 2010-A   World Intellectual Property Organization (Hrsg.); Treaties and
                    Contracting Parties – China; 2010; URL:
                    http://www.wipo.int/treaties/en/ShowResults.jsp?search_what
                    =C&country_id=38C;
                    Abruf: 04.07.2010.

WIPO 2010-B   World Intellectual Property Organization (Hrsg.); WIPO
                   Treaties – General Information; 2010; URL:
                   http://www.wipo.int/treaties/en/general;
                   Abruf: 04.07.2010.

WIPO 2010-C   World Intellectual Property Organization (Hrsg.); Summary of
                   the Madrid Agreement; 2010; URL:
                   http://www.wipo.int/treaties/en/registration/madrid/summary_
                   madrid.html;
                   Abruf: 04.07.2010.

WIPO 2010-D   World Intellectual Property Organization (Hrsg.); Summary of
                   the Patent Cooperation Treaty; 2010; URL:
                   http://www.wipo.int/treaties/en/registration/pct/summary_pct.h
                   tml;
                   Abruf: 04.07.2010.

WIPO 2010-E   World Intellectual Property Organization (Hrsg.); Summary of
                   the WIPO Copyright Treaty; 2010; URL:
                   http://www.wipo.int/treaties/en/ip/wct/summary_wct.html;
                   Abruf: 04.07.2010.

WTO 2006   World Trade Organization (Hrsg.); Trade Policy Review:
                   China – Trade policies and practises by measure; 2006; URL:
                   http://www.wto.org/english/tratop_e/tpr_e/s161-3_e.doc;
                   Abruf: 30.07.2010

Christian Schniedermann

Der Drache auf der Weltbühne: Chinas UN-Politik seit der Zeitenwende 1989

Diplomica 2009 / 176 Seiten / 39,50 Euro

ISBN-13: 978-3-8366-6953-5
EAN: 9783836669535

Seit der Zeitenwende 1989 ist die VR China durch eine wirtschaftliche und politische Aufholjagd in das Scheinwerferlicht der Weltöffentlichkeit gerückt – der vormalige Paria der Staatenwelt ist zu einem prominenten Akteur der internationalen Politik avanciert. Die UN gelten dabei als besondere Legitimationsquelle Chinas, nachdem die Mitgliedschaft erst 1971 gegen internationalen Widerstand durchgesetzt werden konnte.

Dennoch hat die chinesische UN-Politik bisher nur wenig akademische Aufmerksamkeit auf sich gezogen, obgleich die VR die Privilegien der ständigen Mitgliedschaft im UN-Sicherheitsrat genießt.

Peking setzt die Vetovollmacht überaus selten ein und blockiert den Entscheidungsprozess im UN-Sicherheitsrat nur selten. Dennoch ist die VR China noch längst keine Verantwortungsmacht.

Chinesische UN-Politik unterliegt dem Primat der Staatsräson. Die VR China nutzt die Weltorganisation, um den nationalen Interessen über die eigenen Grenzen hinaus Geltung zu verschaffen. Die multilaterale Zusammenarbeit dient insbesondere dazu, Stabilität für den chinesischen Aufstieg zu schaffen, den Alleinvertretungsanspruch der VR gegenüber Taiwan aufrecht zu erhalten und einer neuerlichen Isolation entgegenzuwirken. China hat gelernt, UN-Politik aktiv zu gestalten und durch multilaterale Kooperation die eigene Position zu stärken.

Miao Yu

Markteintrittsstrategien deutscher Unternehmen in China
Strategien, Chancen und Risiken

Diplomica 2009 / 128 Seiten / 59,50 Euro

ISBN-13: 978-3-8366-7540-6
EAN: 9783836675406

Aufgrund der zahlreichen Ressourcen, dem vielfältigen Klima, erfolgreichen Reformen und einem seit Jahren durchschnittlichen Wachstum von mehr als neun Prozent ist China zu einem der wichtigsten Produktionsstandorte und Absatzmärkte für ausländische Investoren geworden. China ist zu einem ernstzunehmenden Akteur in Weltwirtschaft und Politik aufgestiegen und hat seinen Platz unter den Handelsnationen gefestigt.

Der chinesische Markt konfrontiert deutsche Investoren jedoch mit einer Vielzahl von Herausforderungen: die fremde Kultur, die schwer einschätzbare Mentalität, der Informationsdschungel, das „seltsame" Vertragsverhältnis etc. Deswegen ist es auch nicht schwer zu verstehen, warum auch in heutiger Zeit die Bearbeitung des chinesischen Marktes durch ausländische Unternehmen mit Risiken behaftet ist, welche es im Tagesgeschäft genauso wie bei der Vorbereitung des Markteintritts in China zu beachten gilt, will man gewinnbringend auf dem chinesischen Markt agieren.

Dieses Buch bietet dem Leser in kompakter Form Grundwissen über den chinesischen Markt und über die möglichen Markteintrittsstrategien für deutsche Unternehmen. Dabei werden sowohl geographische Informationen vermittelt als auch wirtschaftliche, gesellschaftliche und rechtliche Aspekte beleuchtet.

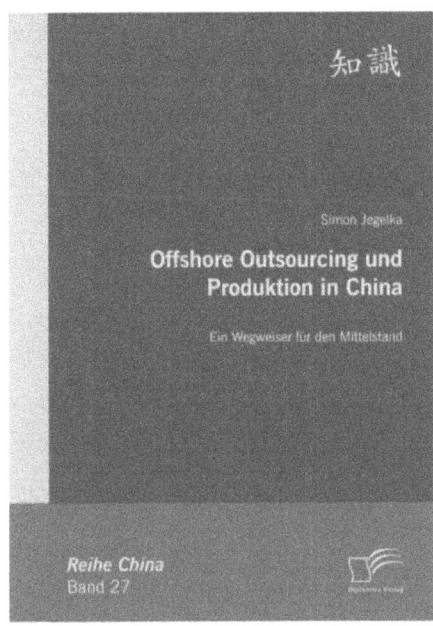

知識

Simon Jegelka

Offshore Outsourcing und
Produktion in China

Ein Wegweiser für den Mittelstand

Diplomica 2010 / 192 Seiten /
39,50 Euro

ISBN-13: 978-3-8366-9442-1
EAN: 9783836694421

Immer mehr deutsche Mittelständler in China! Sie folgen wichtigen Kunden oder haben den Markt und niedrige Produktionskosten im Visier. Was aber macht eine solche Unternehmung zum Erfolg?

Um Erfolg zu haben muss man die Herausforderungen kennen · diese einfache Weisheit geht schon aus alten chinesischen Sprichwörtern des Meisters für Strategie in der Kriegskunst, Sun Zi, hervor.

Die diesem Buch zu Grunde liegende Untersuchung hat es sich zur Aufgabe gemacht, einen Überblick über den deutschen Mittelstand in China und die sich ihm bietenden Herausforderungen zu geben. So entstand eine Übersicht über mögliche Organisations- und Rechtsformen, dem derzeitigen Auftreten des Mittelstandes (Ort, Anzahl, Branche) sowie einer umfangreichen Analyse der Herausforderungen im produzierenden Gewerbe.

Die Ursachen der Schwierigkeiten werden herausgearbeitet und mittels Zitaten und Situationsbeschreibungen verdeutlicht. Dazu gehört eine komprimierte Darstellung der dahinter stehenden Theorie, die ein maximales Verständnis fördert.

Das Buch richtet sich an Praktiker und am China-Diskurs interessierte Wissenschaftler.

Werner Gründer

Chinas Integration in die Weltwirtschaft
Auswirkungen auf die chinesische Volkswirtschaft

Diplomica 2010 / 128 Seiten / 39,50 Euro

ISBN-13: 978-3-8366-9623-4
EAN: 9783836696234

Die wirtschaftliche Entwicklung der Volksrepublik China stellt im Kontext der Globalisierung eine außergewöhnliche Erfolgsgeschichte dar. Innerhalb von 30 Jahren wandelte sich China, im Rahmen eines graduellen Reformprozesses, vom nahezu autarken Entwicklungsland zu einer der größten Handels- und Wirtschaftsnationen der Welt.

In diesem Buch wird der chinesische außenwirtschaftliche Integrationsprozess beschrieben und dessen reale Auswirkungen auf die chinesische Volkswirtschaft untersucht. Im Rahmen der Außenhandelstheorie erfordert die Betrachtung der wirtschaftlichen Öffnung Chinas eine strukturelle Analyse und Interpretation der chinesischen Handelsströme.

Ausländische Direktinvestitionen sind ein besonders charakteristisches Merkmal im chinesischen Transformationsprozess, ihre Entwicklung und Bedeutung werden daher in dieser Studie ebenfalls behandelt.

Sebastian Christ

Vertragsfreiheit in China
Ein Vergleich zwischen chinesischem
und deutschem Vertragsrecht

Diplomica 2011 / 128 Seiten /
39,50 Euro

ISBN-13: 978-3-8428-6517-4
EAN: 9783842865174

Die Volksrepublik China bezeichnet sich selbst als sozialistisch. Gleichzeitig lassen uns Meldungen über Chinas nahezu unbegrenztes Wirtschaftswachstum staunen und eher an ein Paradies für den freien Handel denken.

Doch inwieweit ist die Vertragsfreiheit, Kern einer jeden Marktwirtschaft, mittlerweile tatsächlich in China verankert?

Die vorliegende Studie verfolgt das Ziel, die rechtliche Ausgestaltung der Vertragsfreiheit im heutigen China sowie ihre tatsächliche Bedeutung für den Rechtsverkehr zu beleuchten. Neben der Betrachtung der historischen Entwicklung dieses juristischen Prinzips unter Berücksichtigung des Einflusses der chinesischen Kultur steht der Vergleich der chinesischen Rechtsnormen mit den zentralen deutschen Vorschriften im Mittelpunkt. Kern ist dabei das neue chinesische Vertragsgesetz. Erlaubt es ebenso „freie" Vertragsschlüsse wie das deutsche Bürgerliche Gesetzbuch?

Sheelagh Kim Rathgeber

Das Adoptionsrecht der VR China
Die Ausstrahlungswirkung der UN-
Kinderrechtskonvention von 1989

Diplomica 2011 / 200 Seiten /
49,50 Euro

ISBN-13: 978-3-8428-6885-4
EAN: 9783842868854

Im Jahre 2009 feierte die UN-Kinderrechtskonvention (KRK) ihr zwanzigjähriges Jubiläum. Sie wurde als erstes offizielles, internationales Dokument anerkannt, welches die Rechte des Kindes bestätigt und sichert. Als Unterzeichnerstaat verpflichtet sich die Volksrepublik China, notwendige Maßnahmen zur Einhaltung der Kinderrechte zu befolgen. Anhand des von UNICEF veröffentlichten Implementation Handbook for the Convention on the Rights of the Child wird der zentralen Fragestellung nachgegangen, inwiefern die Volksrepublik China ihren Verpflichtungen bezüglich des Schutzes elternloser Kinder nachgekommen ist und ob die KRK stets berücksichtigt wird.

Das Buch dient sowohl der Information über und der Einsicht in die rechtliche Lage von Adoptierten und ihrer Adoptiveltern im Land. Die Autorin leistet einen wichtigen Beitrag zur Analyse der Ausstrahlungswirkung der KRK auf das Adoptionsrecht der Volksrepublik China. Sie zeigt Wege auf, wie die Idee der KRK in der chinesischen Gesetzgebung und Rechtsprechung stets allgegenwärtig bleibt beziehungsweise bleiben könnte.